Lk 4 69

VOYAGE
DANS LE DÉPARTEMENT
DES
ALPES MARITIMES.

VOYAGE
DANS LE DÉPARTEMENT
DES
ALPES MARITIMES,

avec la description de la ville et du terroir de Nice, de Menton, de Monaco, etc.

Par S. PAPON.

DE L'IMPRIMERIE DE CRAPELET.

A PARIS,

Chez BARRAU, Libraire, quai des Augustins, n° 33;
Et chez LEBOUR, palais du Tribunat, galeries de bois.

AN XII — 1804.

AVIS.

J'ai fait la relation qu'on va lire pour quelques amis qui me l'avoient demandée. Si durant mon séjour dans les Alpes maritimes, j'avois eu le projet de la faire imprimer, je serois entré dans de plus longs détails. Au surplus, quelque abrégée qu'elle soit, elle peut donner une idée d'un département qui n'est connu, à Paris sur-tout, que d'après ce qu'on a entendu dire du climat de Nice.

VOYAGE
DANS LE DÉPARTEMENT
DES
ALPES MARITIMES.

JE m'embarquai à Marseille le 30 frimaire an XI, pour me rendre dans le département des Alpes Maritimes. Après trois jours d'une navigation périlleuse, je me fis mettre à terre à Antibes, d'où l'on apperçoit Nice et ses jardins. La mer forme une espèce de golfe entre ces deux villes : le terrein s'élève insensiblement, et présente un superbe amphithéâtre, dont les hauts siéges, c'est-à-dire les montagnes, sont six mois de l'année couverts de neige, tandis que les plus bas le sont de fleurs et de verdure. On fait deux lieues, qui sont la distance d'Antibes à Saint-Laurent, par un chemin bordé d'oliviers, de figuiers, d'amandiers et autres arbres fruitiers. A Saint-Laurent, on passe le Var sur un pont de bois.

peu solide; souvent dégradé par les inondations.

Sur la rive gauche du Var commence le terroir de Nice, dont on peut dire, avec bien plus de fondement, qu'on n'a dit du terroir d'Hyères :

> Vertumne, Pomone et Zéphyre
> Avec Flore y règnent toujours ;
> C'est l'asyle de leurs amours
> Et le trône de leur empire.

J'y arrivai le jour de Noel, vers deux heures après midi. Le ciel étoit pur et serein, le soleil chaud, la mer unie comme une glace : par une illusion dont je ne pus me défendre, je crus être dans la saison du printemps.

Mais c'est sur-tout à demi-lieue de la ville, que les fleurs de toute espèce, les plantes odorantes, l'oranger et le citronnier parfument l'air d'alentour. A droite et à gauche sont des maisons fort bien décorées, presque toutes habitées par des étrangers, du moins en hiver (1).

Toutes ces maisons ont leur jardin plus ou moins grand. Il ne faut pas s'attendre à les

---

(1) Dans un temps de paix.

voir peignés avec art, comme aux environs de Paris. Le terroir étant divisé en une foule de propriétés, chacun tire de la sienne le meilleur parti possible : on y cultive indistinctement les arbres et les arbustes propres au climat. Il y a des jardins où l'on ne voit que des orangers, les uns plantés en allées, les autres sans ordre, comme dans un verger. Il y en a qui produisent de trois à quatre mille oranges ; et l'on se doute bien que des orangers de ce rapport sont de la plus grande beauté. Les autres arbres participent de cette forte végétation : en général, ils s'élèvent à une hauteur qui laisse un libre passage aux rayons du soleil, et à l'air une circulation plus libre encore. On sème tout autour des légumes et autres plantes annuelles qui viennent en perfection.

Il est curieux de voir avec quel art cette culture est ordonnée : c'est du froment, de l'orge ; ce sont des fèves de marais, des petits-pois, &c. dans des allées d'orangers et de citronniers, ou entre deux rangs de vignes, qui s'ouvrent en éventail, soutenues par des roseaux qui les traversent dans toute leur longueur. Les champs même sont divisés en compartimens de différentes nuances de verdure, dont l'aspect est d'autant plus agréable, que les arbres fruitiers épars çà et là, tels que le pêcher, le prunier, l'amandier et le coignassier, étalent, au mois de pluviôse, les uns l'incarnat, les autres la blancheur de leurs fleurs. Il n'y a pas jusqu'à la diligente abeille qui n'ajoute un intérêt à ce riant tableau ; aussi ne se lasse-t-on pas de le parcourir. On va d'un jardin à l'autre par des sentiers bordés de gazon ; on passe un ruisseau ; on rencontre un berceau formé par une treille : quelquefois on franchit, par une petite ouverture, une haie d'aubépine, ou d'autres arbustes du pays : vous arrivez près d'une maison de paysan, et les bonnes gens qui l'habitent paroissent charmés de vous voir, sans témoigner aucune inquiétude pour leurs fruits ou pour leurs fleurs. Vous avancez ; de nouveaux objets vous frappent : c'est souvent une jolie maison de campagne occupée par des Anglais, ou des Allemands, des Russes, des Polonais ; car la beauté du climat attire des gens de toutes sortes de nations, qui sont, pour les habitans de Nice, une source de richesses et d'agrémens.

Il ne faut pas négliger d'aller à Saint-Pons : c'étoit une ancienne abbaye de Bénédictins, à peu de distance de la ville. On remonte la rive droite du Paillon, d'où l'on voit, d'un côté, le chemin de Turin, et une plaine très-fertile, couverte de mûriers et d'orangers ; de l'autre, des coteaux en terrasses, plantés de fort beaux oliviers. Ce coup-d'œil n'a rien d'uniforme, parce qu'il n'y a nulle part une aussi grande variété que dans le terroir de Nice.

C'est à travers cette variété que l'on arrive à Saint-Pons. Du péristyle de l'église, on a le plus beau point de vue : c'est le mont Alban que l'œil aime à parcourir, pour se reposer ensuite sur les bords du Paillon et sur le rocher au pied duquel la ville est bâtie. Ce rocher, laissant voir la mer à droite et à gauche, termine agréablement l'horizon de ce côté-là.

Au-dessus de Saint-Pons, est le couvent de Cimiez, qui appartenoit aux Récollets, et qui est bâti sur les ruines de l'ancienne ville de ce nom. Elle devoit être considérable du temps des empereurs romains, puisqu'elle avoit un sénat et un commandant dont l'autorité s'étendoit depuis Gênes jusqu'à Digne, et depuis Vence jusqu'au sommet des Alpes. On y a découvert un grand nombre d'inscriptions. En 1787, un voyageur allemand ayant eu la permission de faire des fouilles dans le jardin, y trouva deux petites statues de bronze d'un pied et demi de haut, et une de marbre à-peu-près de même grandeur. Deux ans après, la princesse Lubormirska fit faire aussi des fouilles dans d'autres endroits du même jardin ; elles produisirent une clef et un anneau d'or antiques ; un lare représentant Jupiter, plus de cent médailles de différens empereurs, quelques morceaux de mosaïque, et des restes d'un grand aqueduc qui conduisoit l'eau à Cimiez.

Au levant, il y a une petite terrasse d'où la vue plonge sur toute cette partie de la campagne qui est au nord de Nice. Cette campagne est délicieuse ; les productions en sont si variées, qu'on ne s'apperçoit pas de l'incurie des habitans, qui mettent de côté l'agréable pour ne s'attacher qu'à l'utile ; mais, à cet égard, nulle part on ne connoît mieux le genre de culture qui convient au terrein et au climat. Il arrive de-là que leurs jardins ont tous les ornemens qui peuvent les parer, parce qu'ils produisent toutes les choses dont la nature les rend susceptibles : ainsi l'on peut dire qu'en la consultant, ils l'embellissent beaucoup mieux que s'ils consultoient l'art des embellissemens inventés dans les villes.

Livrez-vous donc, quand vous serez sur la terrasse de Cimiez, à cet enthousiasme qu'une ame sensible éprouve quand on contemple la belle nature : promenez vos regards sur cette foule de sites pittoresques ; qu'ils se portent sur l'immensité de la mer; que revenant au point où vous êtes, ils parcourent le lit du Paillon, qui a condamné à une stérilité éternelle une partie de cette vallée, dans laquelle il roule les débris des rochers : et si vous voulez frapper votre ame par des contrastes, offrez-lui le spectacle de ces montagnes, séjour des neiges et des frimas : rentrez ensuite dans le jardin, et montez sur le plateau qui le borne au midi.

Ce plateau est le sommet de la colline de Cimiez, au revers de laquelle il y avoit une partie de la ville. On y voit encore des vestiges d'anciennes habitations. A quelque distance de là, on trouve les restes d'un édifice qui paroît avoir été un temple ou quelqu'autre monument public, et l'enceinte de l'amphithéâtre dans lequel on prétend que Saint-Pons souffrit le martyre, au milieu du troisième siècle. Le chemin passe par-dessus les loges où l'on enfermoit les animaux. L'arène est comblée et couverte d'oliviers; elle a peu de circonférence.

Cimiez fut détruit par les Lombards vers la fin du sixième siècle. Ceux des habitans qui échappèrent à la fureur de ces barbares, durent se réfugier, les uns dans les montagnes, les autres à Nice, qui n'en est qu'à demi-lieue.

Le voyageur doit y retourner par un petit chemin, qui conduit au quartier du *Ray*. Il n'est pas rare de le trouver, en frimaire et en nivôse, bordé de marguerites, sur lesquelles on voit voltiger des papillons. La présence de ces insectes, jointe à la température de l'air, à la beauté du ciel, à la verdure des champs, des orangers et des oliviers, fait jouir, au milieu de l'hiver, des agrémens du printemps.

Je me rappelle que, m'y promenant, la dernière fête de Noël, le soleil étoit si chaud, que je me reposai au pied d'un citronnier, sur un gazon émaillé de fleurs, couleur de violette, mais beaucoup plus petites. Je répétai presque involontairement ce que

Chapelle et Bachaumont ont dit du climat d'Hyères :

> Que c'est avec plaisir qu'aux mois
> Si fâcheux, en France, et si froids,
> On est contraint de chercher l'ombre
> Des orangers qu'en mille endroits
> On y voit sans rang et sans nombre,
> Former des forêts et des bois !
> Là, jamais les plus grands hivers
> N'ont pu leur déclarer la guerre ;
> Cet heureux coin de l'univers
> Les a toujours beaux, toujours verds,
> Toujours fleuris en pleine terre.

Les Parisiens admirent les orangers des Tuileries et de Versailles; mais, comme l'ont dit les aimables voyageurs que je viens de citer, les mieux gardés et les plus beaux ne doivent pas en comparaison, être appelés orangers :

> Car ces petits nains contrefaits,
> Toujours tapis entre deux ais,
> Et contraints sous des casemates,
> Ne sont, à bien parler, que vrais
> Et misérables culs-de-jattes.

En suivant le chemin dont je viens de parler, on change souvent de point de vue, et à chaque instant on ne peut s'empêcher d'arrêter ses regards sur cette foule de tableaux variés, qui passent successivement sous vos yeux. On arrive à la plaine de *Fonchaud*. C'est-là que la nature déploie tous ses charmes. Ce sont bien les mêmes arbres et les mêmes arbustes, qui couvrent cette plaine et la plaine du Paillon ; mais le lieu de la scène a changé ; l'ensemble de la décoration fait un nouveau prestige ; l'air est plus doux ; l'imagination n'y est pas attristée par la vue d'objets stériles : tous ceux qu'elle embrasse sont animés : ce sont des jardins, des prairies, des champs qu'on prendroit pour des jardins anglais, et tout cela est terminé par de riches coteaux qui plaisent par leur opposition, et sur lesquels la vue se promène, sans jamais se lasser.

Les maisons de campagne y sont très-multipliées : la plus belle, nommée le *Piol*, est sur une élévation d'où l'on découvre presque tout le terroir de Nice. Le coup-d'œil en est enchanteur. Cette campagne a été vendue, comme bien d'émigré, environ 40,000 fr. quoiqu'elle en vaille quatre fois autant.

La beauté de la ville ne répond pas à celle

du terroir; mais avant que d'en faire la description, je dirai deux mots de son ancienneté.

On sait qu'une colonie de Phocéens, peuple de l'Asie mineure, fonda Marseille, environ six cents ans avant l'ère chrétienne. Cette colonie devint bientôt assez puissante pour en former d'autres. Nice fut une des premières : quelques auteurs mettent sa fondation en l'an 340 avant J. C. — Ce qu'il y a de certain, c'est qu'elle tenoit déjà un rang distingué parmi les villes grecques des Gaules, lorsque les Romains firent la conquête de la Provence (1). Les Marseillois lui donnèrent le nom de *Nikh*, ou Victoire, en mémoire de celle qu'ils avoient remportée, dans cet endroit, sur les Saliens et les Liguriens.

Elle resta long-temps sous la dépendance des Marseillois, passa ensuite sous celle des Romains, qui la regardoient comme un lieu de délices. Elle étoit sans doute bien importante, puisque Ptolomée, qui vivoit sous l'empereur Adrien, parlant des principales villes d'Italie, la nomme immédiatement

---

(1) Environ cent vingt ans avant J. C.

après la capitale de l'empire. Nice eut beaucoup à souffrir des ravages des Lombards et des Sarrasins, elle se rétablit sous les comtes de Provence, et se donna à la maison de Savoie, vers la fin du quatorzième siècle.

Cette ville est située au pied d'un rocher isolé, sur lequel il y avoit un château qui passoit pour imprenable. Les rues de l'ancienne sont étroites, avec des maisons fort élevées, ce qui les fait paroître encore plus étroites. Elles sont, de plus, assez sales, n'y ayant point de ruisseau pour les laver ; il seroit pourtant facile d'y conduire de l'eau du Paillon, du moins dans les rues les plus basses, en la prenant à la porte de Piémont : on auroit des fontaines, aussi nécessaires pour la propreté de la ville, que pour la commodité et la salubrité des habitans. Il est vrai que le Paillon, si redoutable en automne, et lors de la fonte des neiges, est presque à sec durant les grandes chaleurs ; mais il fourniroit de l'eau au moins huit à neuf mois de l'année. A défaut de fontaines, on fait usage d'eau de puits ; et comme Nice est en grande partie sur la pente d'un rocher, cette eau est toujours claire et sans aucun mauvais goût.

Le quartier neuf, au sud-ouest de la ville, a été bâti depuis environ quarante ans. Les rues en sont larges et tirées au cordeau. Près de ce quartier, est le cours, planté de deux rangs d'ormes touffus. Cette promenade est fort agréable l'été, lorsque le soleil est sur l'horizon : il est dommage qu'elle soit masquée par la terrasse qui règne le long de la mer.

On a tout nouvellement construit, au milieu de ce cours, une fontaine où l'on a représenté, d'une manière mesquine, Catherine de Séguiran, héroïne de Nice, au moment où elle vient de renverser, d'un coup de massue, un Turc à ses pieds. Ce trait rappelle un évènement mémorable pour les Niceois.

En 1543, il entra dans la rade une flotte turque, commandée par le fameux Haradin Barberousse, et une flotte française, sous les ordres du comte d'Enguien, célèbre par la bataille de Cérisoles. Elles avoient, l'une et l'autre, des troupes de débarquement. La ville se rendit après dix-huit jours de siége, à condition qu'elle ne seroit pas livrée au pillage. Le commandant se jeta dans le château, résolu de le défendre jusqu'à la dernière extrémité. Sommé de se rendre, il répondit : *Je me nomme Monfort ; mes armes sont des pals, ma devise*, IL ME FAUT TENIR. Sa fierté ne se démentit pas : il força les ennemis à lever le siége. Ceux-ci mirent le feu à la ville, après l'avoir saccagée; ajoutant à la honte de leur défaite, la honte encore plus grande d'avoir violé le droit des gens et la foi des traités.

Ce château avoit été construit, ou plutôt rétabli et augmenté par Amédée VIII, fameux par sa retraite à Ripaille, et qui fut pape sous le nom de Félix V. Pendant la guerre de la succession, le maréchal de Berwick le prit après cinquante-cinq jours de tranchée ouverte. La garnison, réduite à six cents hommes, força le commandant de capituler. Berwick le fit raser par ordre exprès de Louis XIV, qui ne pouvoit pardonner au duc de Savoie sa défection. J'en ai vu le local et contemplé les ruines, dont les masses encore énormes, au bout d'un siècle, donnent une idée du chaos.

On trouve à Nice deux belles places; celle des Dominicains, aujourd'hui place de l'Égalité, et celle de la République, autrefois place Victor. Celle-ci est entourée de maisons régulièrement bâties avec des arcades.

On avoit le projet, sous l'ancien Gouvernement, d'y élever la statue du Prince dont elle portoit le nom ; un monument quelconque y est nécessaire, ne fût-ce que pour rompre l'uniformité.

Les églises ne sont pas grandes ; mais elles sont fort bien décorées. On s'apperçoit qu'on est sur les frontières d'Italie. L'architecture de la cathédrale est d'un goût qui ne laisse rien à desirer ; il n'y manque qu'un portail.

Il y a à Nice une salle de spectacle, où j'ai vu, en des temps différens, troupe française et troupe italienne. Les comédiens ne doivent pas faire fortune dans une ville qui n'a, dans ce moment-ci, qu'environ dix-huit mille habitans, dont une partie est ruinée par la révolution, et c'est celle qui a le plus d'instruction, sans en avoir beaucoup. Quant à l'autre, qui comprend les nouveaux riches, je ne hasarde rien, en disant que les trois quarts n'ont jamais entendu parler de Corneille, de Racine, ni de Métastase, et qu'ils donneroient volontiers, pour un écu, les chefs-d'œuvre de ces grands poètes.

On peut se promener tout autour de la ville et du rocher, et la promenade est fort agréable, parce qu'il n'y a ni montée ni descente, et que rien n'est plus diversifié que les points de vue qui se succèdent. On va de la place de la République sur les remparts ; et en les suivant on a, à sa droite, le Paillon (1), le fauxbourg, et des coteaux qui font un demi-cercle du nord au midi. On arrive à la porte de France, d'où l'on voit la mer et ses bords jusqu'à Antibes. Bientôt on se trouve sur une longue et belle terrasse, extrêmement commode pour s'y promener l'hiver, quand le soleil est sur l'horizon, et l'été au moment de son coucher ; ou, ce qui vaut encore mieux, au clair de la lune, lorsque sa lumière, pâle et tremblotante, fait ressortir la mer, les coteaux et les montagnes, sous des formes plus sombres et plus imposantes.

J'ai souvent vu de cette terrasse, qui n'est qu'à dix pas du rivage, les dauphins s'ébattre

---

(1) Le Paillon est un très-dangereux voisin pour Nice. Si l'on ne prend des précautions, celle, par exemple, d'exhausser le rempart, il est à craindre qu'il ne déborde dans la ville, sur-tout dans le quartier neuf. Peu s'en fallut que ce malheur n'arrivât au mois de brumaire an XI.

et bondir sur les eaux. Ils vont ordinairement deux à deux, à la suite l'un de l'autre : c'est sans doute le mâle et la femelle. Leurs mouvemens sont si rapides, qu'ils font près d'une lieue en un demi-quart-d'heure. Les anciens ont débité bien des fables sur la prétendue amitié du dauphin pour l'homme : ils le voyoient suivre les vaisseaux, et ils prenoient pour de l'amitié ce qui n'étoit qu'un effet de sa voracité.

Au bout de la terrasse on trouve le chemin qui conduit au port, et qui est assez large pour que deux voitures y passent de front. Il a été taillé depuis environ trente ans, dans le rocher sur lequel le château étoit bâti : c'est un ouvrage qui honore les princes qui l'ont fait exécuter. Comme ce chemin est en plein midi, on y jouit, en hiver, d'une température, quelquefois chaude. On arrive ainsi au port, creusé dans un endroit où il y avoit de fort beaux jardins.

Ce port, qui est resté imparfait depuis que le comté de Nice a passé sous la domination de la France, devoit, dit-on, s'étendre jusqu'à la place de la République. Il étoit défendu, à son entrée, par un mole qu'on a laissé dégrader. Le Gouvernement est dans l'intention de le faire réparer, et de continuer les travaux. Il ne peut rendre un plus grand service au département, mais sur-tout à la ville de Nice, pour laquelle ce port doit être une source de richesses. Il est d'ailleurs intéressant, à cause du Piémont, puisqu'il est le seul par où l'on puisse échanger les productions de cette partie de l'Italie contre celles que l'on transporte par mer.

Le commerce de Nice, dans le moment présent, ne peut être considérable. On jugera de celui d'exportation par les principales productions du pays, qui sont des huiles, de la soie, des oranges, citrons, essences, etc. Les importations consistent en grains, draps, toiles, bonneterie, quincaillerie, épicerie, sucre, café. On y apporte aussi beaucoup de sel, de la ci-devant Provence et du Languedoc. Une grande partie passe en Piémont, qui envoie, en échange, du riz et des bestiaux. De ce dernier article, il n'en vient pas, à beaucoup près, une aussi grande quantité qu'avant la révolution; voilà pourquoi on ne mange pas communément de bon bœuf à Nice, celui du pays étant d'une qualité médiocre; il en est de même de la volaille. En revanche, le mouton et le gibier y sont excellens, à cause des plantes aromatiques dont le pays abonde.

Thomas, de l'Académie française, qui voyoit sa santé dépérir de jour en jour, crut que le climat de Nice pourroit la rétablir. Il s'y rendit vers la fin de 1782. On ne lira pas sans intérêt l'extrait d'une lettre qu'il écrivit à madame Necker, le 17 décembre de cette année-là ; la date est à remarquer.

« Je suis dans un très-beau climat, mais je ne sais si c'est celui qui me convient. Je crains que le voisinage de la mer, dont je suis entouré, ne soit point favorable à mon état. Du reste, je jouis ici d'un magnifique spectacle. Il n'y a nulle part, ni un plus beau ciel, ni des promenades qui présentent de plus beaux points de vue ; il est vrai qu'il faut aller les chercher à travers les montagnes et des sentiers pénibles ; mais on y rencontre par-tout l'olivier, le myrte, le citronnier, l'oranger, et sous ses pieds, le thym, le romarin, la lavande et la sauge, que la nature a semés dans des déserts et au milieu des rochers. On y voit, du même coup-d'œil, tout ce que la nature a de plus sauvage, et le luxe des jardins, de plus précieux. Dans ces lieux élevés, l'air semble composé d'aromates et de parfums. On a, sur sa tête, un ciel resplendissant d'azur, un soleil aussi brillant que dans les plus beaux jours d'été : autour de soi, des montagnes couvertes de jardins et d'une foule innombrable de maisons de campagne, qui semblent suspendues sur des rochers et au milieu des arbres : dans le vallon, le terrein le mieux cultivé et le plus riche, coupé par un large torrent dont le lit, souvent à sec, est tout couvert des débris des montagnes, et offre l'image de la destruction à côté de celle de la fertilité : devant soi, le miroir immense de la mer, qui s'enfonce et se perd de tous les côtés dans l'horizon, et réfléchit la lumière la plus vive ; et derrière, du côté de Turin, les Alpes naissantes qu'on apperçoit de loin, blanchies par les neiges, dans le même moment où le soleil vous fait éprouver la chaleur la plus douce, et qu'on croit respirer l'air du printemps. J'ai contemplé, il y a quelques jours, pendant plusieurs heures, ce grand tableau, sur une des plus hautes montagnes ; je voyois Nice à mes pieds, Antibes au couchant, Monaco vers le midi : je dominois sur les rochers qui couvrent le port de Villefranche, et sur la mer qui conduit à Gênes : en même temps je touchois à un fort, (Montalban) qui, dans ce siècle, a été assiégé trois fois par nos armées, et nous a coûté, en 1744, la perte de quatre mille hommes, dont un grand nombre périt dans le torrent (le Paillon) que j'avois sous les yeux. Je déplorois les crimes et les malheurs de la guerre dans un pays si beau, et où la nature a tout fait pour le bonheur de ses habitans ».

Je ne veux pas quitter cette ville sans faire mention d'un monument érigé à l'occasion d'un événement célèbre dans l'histoire.

On connoît l'inimitié qu'il y avoit entre Charles-Quint et François premier ; le pape Paul III voulut les réconcilier et leur ménager une entrevue. Nice, située sur les frontières de France et d'Italie, fut regardée comme le lieu le plus propre pour l'exécution de ce projet. Les trois premiers souverains de l'Europe s'y rendirent en 1538 ; le Pape, avec toute sa cour ; François premier et Charles-Quint, qui se défioient l'un de l'autre, avec une force armée imposante. On desiroit de tenir les conférences dans le château. Le duc de Savoie refusa d'abord de le confier ; mais, d'après les menaces de l'empereur et la mauvaise humeur du Pape, il venoit de donner son consentement, ou, suivant quelques-uns, il y avoit à craindre qu'il ne le donnât, lorsque les habitans de Nice, qui détestoient les Espagnols et redoutoient les Français, firent retentir l'air du cri de *vive Savoie* : ils prirent, en même temps le prince de Piémont dans leurs bras, et le portèrent au château, où plusieurs d'entr'eux s'enfermèrent avec la garnison. Ce prince étoit Emmanuel-Philibert, qui se rendit depuis si célèbre par la victoire de Saint-Quentin. Arrivé dans la salle du donjon, où il y avoit un modèle en bois du château de Nice, il dit, au milieu du bruit qu'on faisoit : *Nous voilà bien embarrassés ; puisque nous avons deux forteresses, donnons celle qui est de bois, et gardons l'autre, sans permettre à qui que ce soit d'y entrer.* Cette saillie d'un enfant de dix à douze ans, fit rire, et augmenta le courage de la garnison : elle n'eut pas occasion de le signaler.

L'Empereur et le Roi ne se virent point. Ils s'envoyèrent cependant de riches présens, et la reine Eléonore, sœur de Charles-Quint, alla visiter deux fois son frère, qui se tenoit à Villefranche. Celui-ci eut trois longues conférences avec le Pape, près de Nice. Le Roi conféra également avec le Pontife, d'abord près du Var, ensuite à un quart de lieue de la ville, au même endroit où l'on voit une grande croix de marbre, élevée pour en perpétuer la mémoire. Elle a donné son nom à ce quartier-là; et c'est celui que les étrangers habitent de préférence, parce qu'il est le plus agréable.

Le résultat de ces négociations fut une trève de dix ans, qui ne tarda pas d'être rompue.

De Nice à Villefranche, il n'y a que trois quarts de lieue. Mais le chemin n'étant pas beau, on doit préférer d'y aller par mer, quand elle est calme. On fait le trajet en une demi-heure. La côte ne présente que des rochers blanchis et usés par les flots; c'est tout ce qu'on voit dans la traversée, jusqu'à l'entrée de la rade, qui est grande, profonde et sûre pour le mouillage, n'étant exposée qu'au vent du midi; car, à l'ouest, elle est abritée par le mont Alban; au nord, par des montagnes beaucoup plus élevées, et à l'est, par une langue de terre couverte de fort beaux oliviers et de toute sorte d'arbres fruitiers.

L'entrée de la rade, éclairée par un phare, est défendue par des batteries qui se croisent. Emmanuel-Philibert fit bâtir le fort qui la domine : le port est au-dessous, à trois cents pas de la ville. Le roi de Sardaigne y entretenoit deux frégates, pour protéger le commerce de Nice contre les Barbaresques. Il y a aussi un bagne où l'on enfermoit les galériens.

La ville, peuplée seulement d'environ deux mille ames, est au fond de la rade : elle est bâtie en amphithéâtre, au pied de la montagne, qui la garantit du vent du nord. Sa situation est telle, qu'il n'y a pas d'endroit, sur la côte de la Provence et de la Ligurie, qui jouisse, en hiver, d'une température aussi douce. Il faut aller jusqu'au royaume de Naples pour en trouver une pareille. On croit qu'il y viendroit des ananas, si l'on se donnoit la peine de les cultiver.

Le terroir de Villefranche se ressent des avantages de cette position. Malheureusement, si l'on en excepte la langue de terre qui est au levant, ce qu'il y a de propre à la culture se réduit à peu de chose. On y trouve les arbres naturels au climat, sur-tout l'olivier, qui est d'une beauté peu commune.

Il y en a dont le tronc a jusqu'à six pieds de circonférence, et des branches grosses à proportion. Les feuilles de l'olivier, longues d'environ un pouce, sur trois ou quatre lignes de large, sont d'un verd brun en dessus et blanches en dessous. De-là vient que lorsqu'il est agité par le vent, il paroît nuancé de ces deux couleurs. Son fruit mûrit en automne, et on commence à le cueillir à la fin de brumaire. Le saule est l'arbre qui ressemble le plus à l'olivier. Son accroissement est très-lent, et en proportion de sa durée, qui est quelquefois de trois cents ans; mais lorsqu'on n'a fait que l'ébrancher, et que sa tige est saine, dans moins de vingt ans il reprend sa première grosseur : les espèces en sont très-variées (1).

On trouve aussi dans le terroir de Ville-

─────────────

(1) Les Athéniens avoient une sorte de vénération pour l'olivier. Ils regardoient comme chargé de malédictions quiconque auroit osé endommager ceux des jardins de l'académie, persuadés que ces arbres étoient issus de l'olivier qui étoit dans la citadelle d'Athènes, et dont on attribuoit la production à Minerve. Ce n'étoit qu'aux vainqueurs, dans les jeux des Panathenées, qu'ils accordoient une branche de ces oliviers.

franche, le carroubier, dont la feuille approche beaucoup de celle du laurier. Il est verd toute l'année, et cette verdure fait, avec celle de l'olivier, un effet gracieux. Cet arbre n'exige aucun soin; il ne vient que dans les endroits pierreux et dans les fentes des rochers. Une de ses singularités est que son fruit ne naît pas, comme celui des autres arbres, au bout des rameaux, mais le long des branches, où il paroît avoir été enfilé. Ce fruit, d'un brun foncé, a la forme d'une grosse fève de marais, et une douceur fade. Il sert à nourrir les ânes et les mulets, qui en sont très-friands. On le cueille en fructidor. Communément il se vend un sol la livre : on l'a cependant vu vendre jusqu'à 5 sols dans un temps de disette de fourrage.

C'est à Villefranche que mourut Honoré d'Urfé, autrefois si célèbre, aujourd'hui à-peu-près oublié. Né avec une imagination brillante et un cœur extrêmement sensible, il rendit fameux les bords du Lignon, et aima avec passion Diane de Château-Morand, ce qui donna naissance au roman de l'Astrée. On sait que cet amour fit place à la plus grande indifférence, pour ne rien dire de plus, lorsque Diane fut devenue son épouse.

D'Urfé fut malheureux près de celle qu'il avoit adorée : il la quitta pour se retirer à la cour de Charles-Emmanuel, duc de Savoie, à qui il n'étoit pas étranger, puisque sa mère étoit fille de Claude de Savoie, comte de Tende et gouverneur de Provence. Il voyageoit quelquefois dans les Etats de ce prince, et se trouvoit à Nice, lorsqu'il tomba malade. S'étant fait transporter à Villefranche, il y mourut en 1625, à l'âge de cinquante-huit ans.

Outre le roman de l'Astrée, terminé par Baro, secrétaire de d'Urfé, on a encore de lui quelques ouvrages, entr'autres un poëme, en stances, dont le sujet est le *Départ, l'absence et le retour de Sirène*, c'est-à-dire, de l'auteur lui-même, qui, sous ce nom, chante ses amours avec Diane.

La langue de terre, dont j'ai parlé, et qui forme au levant de Villefranche une péninsule, est charmante; et c'est à juste titre qu'un de ses quartiers se nomme *Beaulieu*. Elle est défendue à l'extrémité méridionale, où elle s'étend un peu vers l'orient, par une tour. Il y avoit autrefois un fort, qui fut démoli par Catinat. Cette pointe est célèbre dans le pays par les vertus d'un solitaire, nommé Hospice, à qui on a fait prédire l'invasion des Lombards, et qui y mourut vers la fin du sixième siècle; de-là vient qu'elle porte son nom. Elle forme une anse où l'on fait la pêche du thon.

C'est sur cette pointe qu'étoit *l'Olivula* des anciens. Cet endroit subsista jusqu'à la fin du treizième siècle. A cette époque, les incursions des pirates forcèrent les habitans de se réfugier à Villefranche, qui venoit d'être fondée par Charles second, comte de Provence et roi de Naples.

Si l'on veut aller de-là à Monaco ou à Menton, par mer, et c'est la voie la plus commode, on s'embarque à Beaulieu: il y a le long du rivage quelques grottes qui font penser à celles des Néréides. Si l'on aime mieux y aller par terre, il faut rétrograder jusqu'à la hauteur de Villefranche, où l'on trouve le chemin de Nice à Menton. D'après les ordres donnés l'année dernière, ce chemin éprouvera quelques changemens. Il avoit, d'abord été question de suivre la voie *Aurelia*, qui alloit de Rome à Empurias, dans la Catalogne. Cette voie passoit à mi-côte de la montagne du côté du nord, depuis Cimiez jusqu'à la Turbie; le nouveau chemin passera, en partie, à mi-côte du côté du midi, ensuite sur le sommet de la montagne jusqu'à Eza.

Au surplus, quelque pénible que soit celui qui existe actuellement, on n'a pas de regret d'y avoir passé au moins une fois. En gagnant le haut de la montagne, vous découvrez le paysage le plus varié, et le fort de mont Alban, qui n'est remarquable que par son ancienne célébrité. A mesure que vous avancez, vous avez à votre droite une vaste étendue de mer, et à votre gauche, une grande partie des Alpes maritimes, dont la neige blanchit le sommet sept à huit mois de l'année. Après une heure et demie de marche sur un sol aride, la vue est un peu récréée, en approchant d'Eza, village bâti sur la pointe d'un rocher, perpendiculaire au bord de la mer, et au pied duquel il y avoit anciennement un port. Il en est fait mention dans l'itinéraire maritime d'Antonin, sous le nom d'*Avisio*.

Après Eza, on traverse encore un pays fort triste, jusqu'à la Turbie. C'est-là qu'on trouve les restes du monument élevé par ordre d'Auguste, pour transmettre à la postérité les noms des quarante-sept peuples des

Alpes qu'il avoit soumis à la domination romaine. On est étonné des efforts que cet ouvrage a dû exiger. D'abord il fallut applanir un terrain inégal, rocailleux, et former une aire de cent cinquante pieds en carré ; c'étoit la partie du travail la plus aisée ; ensuite aller chercher des quartiers de roche d'un poids énorme, pour servir de base au monument. On forma quatre cercles concentriques : l'espace compris entre ces quatre cercles est rempli d'une maçonnerie très-dure, dans laquelle des antiquaires ont cru qu'on employa la pouzzolane, tant elle a de solidité (1).

On construisit, avec le même soin, un soubassement auquel on donna une forme carrée. Au milieu de tout cet édifice on bâtit une tour ronde et massive, terminée en créneaux, ce qui a fait croire à quelques auteurs qu'elle est du moyen âge ; mais comme la maçonnerie est exactement la même que celle du monument, il est impos-

---

(1) La pouzzolane tire son nom d'un sable qu'on trouve aux environs de Pouzzol, dans le royaume de Naples, et qui provient des volcans. Il y en a dans quelques endroits du département du Var.

sible de ne pas donner à la tour la même antiquité. Les créneaux peuvent avoir été ajoutés dans des temps postérieurs, comme un ornement que le goût qui régnoit alors, faisoit juger nécessaire.

On prétend qu'il y avoit, au haut de cette tour, la statue d'Auguste; qu'on y montoit, du côté du couchant, par deux escaliers soutenus par des colonnes d'ordre dorique, et que sur les côtés du nord et du midi, on voyoit des trophées semblables à ceux de l'arc de Marius à Rome : en ce cas, c'étoit donc du côté du levant qu'on avoit gravé les noms des quarante-sept peuples dont Pline l'ancien nous a conservé les noms, et qui occupoient toutes ces montagnes, qui s'étendent depuis les sources de l'Adige et l'évêché de Trente jusqu'à la Durance et au Var. On voit encore celui des *Triumpilini* sur une pierre qui sert de cintre à la porte d'une maison de la Turbie.

Quoi qu'il en soit, cette tour est aux trois quarts détruite dans toute sa hauteur; et le reste de l'édifice a tellement souffert, qu'il faut avoir recours aux écrivains qui en ont parlé, et aux renseignemens des gens du pays, pour en faire connoître les dimensions. Cependant, au milieu même de ses ruines, il donne encore une idée des ouvrages de ce peuple roi, qui sembloit ne travailler que pour les siècles, et en imposer aux nations qu'il soumettoit à son joug.

Car ce ne fut pas sans dessein que l'on choisit cet endroit pour y élever un pareil trophée : tous ceux qui alloient par terre en Italie, soit des Gaules, soit d'Espagne, et de la Lusitanie, passoient par-là. Les armées que les Romains envoyoient par la Ligurie dans les Gaules et en Espagne, suivoient la même route ; il étoit donc tout naturel d'y laisser un témoignage éclatant et durable, qui annonçât la défaite de ces peuples à demi-sauvages, et leur soumission forcée à l'empire romain.

Pline désigne ceux des Alpes maritimes sous le nom de Liguriens chevelus, *Ligures capillati*, parce qu'à l'exemple des Gaulois, ils portoient les cheveux longs et flottans, usage que quelques-uns de ces montagnards conservent encore. Ils étoient sans commerce, sans arts, et même sans agriculture, vivant de la pêche et de la chasse, et des productions de la terre, qui viennent naturellement. Maîtres de tous les passages qui conduisaient d'Italie en Provence, ils résistèrent pendant très-long-temps. Ils se tenoient dans les bois, sur les hauteurs, dans les défilés, et tomboient brusquement sur l'ennemi. Ils étoient suivis de leurs femmes ; car, chez eux, dit un ancien, les hommes ont la force des animaux, et les femmes celle des hommes, dont elles partagent les travaux et les fatigues. Ils furent d'abord soumis par le consul *Marcus Fulvius*, qui érigea à cette occasion un monument dans le terroir de Saint-Etienne, avec une inscription qui s'est conservée : mais ces peuples, indociles au joug, ne tardèrent pas à le secouer ; et les Romains, qui avoient des conquêtes plus faciles à faire, et sur-tout plus utiles, les laissèrent vivre suivant leurs loix, moyennant un foible tribut. Lorsque Auguste voulut les réduire sous son obéissance, il fallut les aller chercher dans les cavernes, dans les bois, et sur les rochers, ce qui avoit plutôt l'air d'une chasse que d'une guerre ; et ce ne fut qu'avec beaucoup de peine qu'il les mit hors d'état de se soulever.

La destruction du trophée dut commencer à l'invasion des Lombards. Les habitans du voisinage, qui échappèrent au fer de ces barbares, se servirent des matériaux pour former une enceinte dans laquelle ils s'enfermèrent comme dans un camp fortifié. Lorsque des temps plus tranquilles leur permirent de relever leurs maisons, ce fut avec les matériaux de cette même enceinte. On voit encore des restes d'inscriptions gravés sur les pierres de quelques maisons de la Turbie. On n'en a pas employé d'autres à la construction de l'église. La carrière où ces pierres ont été taillées, est à un quart de lieue, au levant du village; il y reste même des fûts de colonnes de huit à dix pieds de longueur, sur deux ou trois de diamètre. Le chemin par lequel on conduisoit ces masses énormes, devoit être bien différent de ce qu'il est aujourd'hui, puisqu'on n'y peut voyager qu'à pied ou à cheval.

J'avois d'abord pensé que ces colonnes, qui sont assez bien conservées, ne pouvoient remonter au temps d'Auguste; mais comme la pierre en est très-dure, et que les relations que nous avons sur l'Egypte font mention de pareils ouvrages qui existent depuis trois mille ans, on peut croire que ceux dont il s'agit ont été taillés lors de la construction du trophée.

A quelques pas de la Turbie, et en portant ses regards sur le bord de la mer, on apperçoit Monaco. Il est assis sur un rocher qui ne tient au continent que par une langue de terre, ce qui lui donne la forme d'une presqu'île. La descente de la Turbie est extrêmement rapide, et n'est praticable que pour les gens à pied, heureux s'ils arrivent sans s'être fait quelque contusion.

Plusieurs anciens, tant historiens que poètes, ont parlé de ce rocher. Au nombre des derniers, sont Virgile, Lucain, Pétrone, l'arbitre des plaisirs de Néron, et Silius Italicus. Virgile dit dans l'Enéïde :

> Aggeribus socer alpinis, atque arce Monœci
> Descendens.

C'est César, beau-père de Pompée, qui descend des Alpes et du rocher de Monaco, et qui marche contre son gendre. Lucain feignant, dans la Pharsale, que ce même César, au commencement de la guerre civile, appela, des bords du Rubicon, les légions qui étoient dans les Gaules, en fait passer une partie par Monaco. Il prend de-là occasion d'en décrire le port en vers pompeux, mais avec beaucoup d'exactitude. Il dit que le *circius* (le vent d'est, ou suivant quelques-uns l'est sud-est) est le seul qui trouble ses rives : *solus sua littora turbat.* Il y avoit un temple dédié à Hercule, ce qui a fait croire que ce héros y avoit paru dans le cours de ses voyages.

Toutes les fables ne sont pas de pures fictions. Il est certain qu'il a existé plusieurs Hercules. Cicéron, dans son traité de la nature des dieux, en compte six. Si l'on en croit Varron, il y a eu quarante-quatre guerriers auxquels l'antiquité avoit donné ce nom. Il est très-possible qu'un de ceux qui l'ont porté, surnommé *Monœcus,* ou le Solitaire, ait passé de la Grèce en Italie, dans les Gaules et en Espagne, non, comme le disoit Eschyle dans une de ses tragédies, pour combattre contre les Liguriens à coups de cailloux, que Jupiter fit pleuvoir tout exprès, ni pour séparer les monts Calpé et Abyla, et joindre l'Océan à la Méditerranée, mais pour quelqu'autre motif que nous ne connoissons pas. Dans un temps où l'on ne naviguoit qu'avec des barques, semblables aux pirogues des sauvages de l'Amérique, et seulement côte à côte, cet Hercule aura passé sous le rocher de Monaco, se sera peut-être réfugié dans le port, pour se mettre à l'abri de l'orage, et aura élevé un monument quelconque, pour attester sa reconnoissance envers les dieux.

Si l'on en croit Ammien Marcellin, ce furent les habitans eux-mêmes qui consacrèrent un temple à Hercule le *Thébain* ; mais, en ce cas, il resteroit toujours la difficulté de savoir pourquoi le rocher fut appelé du nom d'Hercule *Monœcus* (1).

Quoi qu'il en soit, telle est la dureté de ce rocher, qu'il n'a subi aucun changement depuis tant de siècles. Il est cependant battu

---

(1) Lucien, qui avoit demeuré dans les Gaules, où il exerçoit la profession de rhéteur, dit que les peintres y représentoient Hercule avec une barbe blanche, chauve, ridé et basané, semblable à un vieux nautonier, ou plutôt à Caron lui-même ; en un mot, qu'il n'avoit d'Hercule que la peau de lion, la massue, l'arc et le carquois. Je crus d'abord, ajoute Lucien, que les Gaulois ne le représentoient ainsi, que pour se moquer des Grecs, ou pour se venger des courses que ce héros avoit faites chez eux lorsqu'il alla en Espagne. Mais voyant que cette figure tenoit enchaînés, par les oreilles, une foule de peuples qui sont attachés à sa langue par des fils d'or, je demandai l'explication de cette énigme à un des savans du pays.

par les flots avec beaucoup de violence. On se souvient encore avec effroi, à Monaco, de la tempête de 1773. L'écume des vagues tomboit en petite pluie sur la maison de ville, qui est à cent pieds au-dessus du niveau de la mer. On regarda cette tempête comme l'effet d'un tremblement de terre, et cela est très-vraisemblable.

Lorsqu'on est au bas de la montagne de la Turbie, on monte à Monaco par une rampe où il n'y a pas moins de cinq à six portes. Après avoir passé la dernière, on trouve une grande place d'où la vue s'étend, au

---

Nous ne croyons pas comme les Grecs, me dit-il, que Mercure soit le dieu de l'éloquence, mais bien plutôt Hercule, qui est beaucoup plus puissant que lui. Notre opinion est qu'il a fait tout ce que nous admirons, non par la force de son bras, mais par celle de ses discours. Nous le peignons donc sous la figure d'un vieillard, parce que la raison n'est dans sa perfection qu'à cet âge. Il tient les peuples attachés par les oreilles, ce qui est l'effet de la raison. La langue où ils sont pris, est l'instrument de leur captivité. Les dards représentent la force de la raison; et ils sont empennés, parce que la parole est ailée.

On me pardonnera cette note, qui fait connoître l'Hercule gaulois.

couchant, jusqu'aux îles Sainte-Marguerite, et aux montagnes de l'Esterel ; et au levant, jusqu'à la Bordiguière, dans la Ligurie. A droite est le château, qui paroît avoir été bâti en différens temps, et qui n'a rien de régulier ni de remarquable. Il contenoit un assez beau mobilier, lequel, quoique le prince n'eût pas émigré, a été vendu pour le compte de la nation, ou, pour mieux dire, gaspillé et volé en grande partie.

A gauche, est la soi-disant ville de Monaco, qui consiste en six petites rues, dont deux ou trois sont à-peu-près désertes. C'est pourtant d'un lieu si chétif que les habitans vous disent sérieusement que c'étoit un *petit Paris* avant la révolution. Tout y annonce le peu d'aisance de ces mêmes habitans, au nombre de sept à huit cents. Le seul édifice un peu remarquable, étoit un assez joli couvent de religieuses de la Visitation, dont il ne reste plus que les quatre murs. Son exposition, au midi et au levant, d'où l'on voit le plus de mer qu'il soit possible de voir sur aucune côte, m'auroit fait desirer d'habiter cette maison de préférence à toute autre, si j'avois dû faire un plus long séjour à Monaco.

Presque vis-à-vis ce couvent, et sur le bord du rocher, qui est par-tout taillé à pic, et qui a cent pieds d'élévation, est une fort belle terrasse en pierre de taille, sous laquelle est une grande citerne destinée à fournir de l'eau à la garnison, et qui en fournit aussi aux habitans. Elle n'en manque jamais, même dans la plus grande sécheresse.

Combien de fois je me suis promené sur cette terrasse! C'est de-là que, durant la belle saison, je me plaisois à voir l'Aurore, montée sur son char de vermeil, ouvrant les portes de l'Orient avec ses doigts de rose : je voyois les vapeurs légères changées en nuages d'or et de pourpre. Paroissoit ensuite le blond Phœbus sortant tout radieux du sein de Thétys, et dissipant en un instant ces magnifiques rideaux. Je voyois le sommet des montagnes de Corse, et si j'avois pu oublier la distance qui me séparoit de l'Afrique, j'aurois cru voir Atlas portant le ciel sur ses épaules.

Après avoir assisté au lever du soleil, j'allois, le soir, sur cette même terrasse, assister au lever de la lune. Mes idées n'avoient pas, si je puis m'exprimer ainsi, la fraîcheur du matin ; elles étoient douces comme la clarté de cet astre. En l'absence de la lune, j'admirois la beauté des étoiles, qu'un air pur laisse voir en bien plus grand nombre, et tout autrement brillantes qu'on ne les voit à Paris. Je voyois les météores qui s'élevoient de la Corse et de l'Italie. Je pensois à Young, à son Lorenzo, à son Philandre, à sa chère Narcisse, et je rentrois chez moi, plongé dans des rêveries dont la vue de la mer, tantôt calme, tantôt courroucée, n'avoit pu me distraire.

C'étoit encore sur cette terrasse qu'avant le dîné, je me procurois un nouveau plaisir. Je viens de dire que le ciel est ordinairement pur, le soleil beau de toute beauté : quand il est à son midi, et que la mer est doucement agitée, cet astre s'y répète mille et mille fois, mais avec un tel éclat, que l'on croit voir des milliers de gros diamans. La lune produit le même effet, avec la différence que ce sont des topazes au lieu de diamans. On ne peut jouir de ce spectacle, du rivage, qui est au niveau de la mer, mais seulement d'une certaine hauteur. Le rocher de Monaco semble avoir été placé là tout exprès.

Le matin, après le lever du soleil, et le

soir avant son coucher, la mer offre encore un coup-d'œil très-agréable : il s'y forme une large trace entre le spectateur et cet astre, qui s'étend à perte de vue. Cette trace ondoyante est couleur d'or. Celle que produit la lune est argentée, effet tout contraire à ce qui arrive lorsque ces astres sont vers le milieu de leur course. Cette différence, pa rapport au soleil, se conçoit aisément. Le soleil est le blond Phœbus à son lever et à son coucher ; mais à midi il paroît plutôt blanc que blond. Quant à la lune, j'ignore la cause pour laquelle son reflet paroissant jaune au moment où elle approche de notre zénith, ce même reflet est couleur d'argent lorsqu'elle est au fond de l'horizon.

Si la mer calme offre un spectacle curieux, la mer irritée en présente un qui ne l'est pas moins. C'est une chose assez extraordinaire pour des personnes qui n'y sont pas accoutumées, que de voir un second ciel en mouvement, et d'entendre le bruit des vents et des flots : tantôt c'est un mugissement sourd et continu ; tantôt on l'entend seulement par intervalles. Dans ce dernier cas, le bruit vient en grande partie de ce que les vagues se brisent contre des rochers, ou du roulement des pierres que ces mêmes vagues poussent devant elles, et qui semblent les suivre à mesure qu'elles se retirent : c'est ce qu'on éprouve à l'embouchure de la plupart des rivières, mais sur-tout à Nice où le Var et le Paillon entraînent beaucoup de ces pierres lisses par le frottement.

J'ai remarqué qu'il y a des vagues plus élevées les unes que les autres, et dont le cours est ordinairement réglé. Elles arrivent à chaque minute un peu plus, un peu moins, selon la force des vents, mais toujours à des intervalles fixes. Les plus hautes que j'aie vues avoient dix à douze pieds. Ce fut le 4 floréal, en allant de la Bordiguière à San-Remo, par un temps clair, quoique le sud-ouest fût très-fort ; mais ce que je n'avois jamais vu sur la côte de Provence, c'est la ligne droite de ces vagues; on les eût prises pour des murs mobiles, de près d'une lieue de long, tirés au cordeau. La plus près du rivage est toujours la plus haute. On croiroit qu'elle va l'engloutir, mais ses bornes sont fixées; et l'on ne peut s'empêcher de dire, comme dans Job : *Tu viendras jusque-là, et ne passeras pas plus loin ; tu briseras là l'orgueil de tes flots.*

On trouve beaucoup d'autres citernes dans la ville, et il n'est pas hors de propos de remarquer qu'après l'huile, quand l'olive n'est pas gâtée, comme il arriva l'année dernière, l'eau est ce qu'il y a de meilleur à Monaco. Le vin est sans liqueur, sans force et sans couleur. Il est d'ailleurs en si petite quantité, que ce n'est pas la peine d'en parler. Les figues et autres fruits sont d'une qualité médiocre. Reste les citrons et les oranges. Celles-ci ne valent pas, à beaucoup près, celles de Nice, et il y en a peu.

Le rocher est tapissé, depuis le haut jusqu'en bas, de figuiers d'Inde. Les rejets de cet arbuste sont verds, charnus, hérissés d'épines et ont cinq à six lignes d'épaisseur. Ils sont de la grandeur d'une raquette, dont ils ont à-peu-près la forme : le fruit naît sur leurs bords ; ils en produisent jusqu'à dix à douze chacun. Ce fruit a presque la grosseur d'un marron avec son écorce ; il en a aussi les pointes. Ce qu'on peut appeler le noyau, bon à manger, est d'un rouge tirant sur le jaune, et d'un goût douceâtre : il mûrit en thermidor : j'en ai cependant mangé en ventôse et en germinal.

Ce rocher s'avance dans la mer, du nord-ouest au sud-est, et forme un port où les felouques et les tartanes qui naviguent sur cette côte trouvent un abri contre les vents, à l'exception du vent d'est : c'est presque l'unique service qu'on en retire. La marine de Monaco se réduit à deux ou trois petits navires ou barques, qui appartiennent à des habitans de cette ville. On les emploie à transporter à Nice ou à Marseille, les huiles et les citrons qu'on recueille dans le terroir.

Il y a lieu de croire qu'anciennement la population occupoit le terrein qui est au fond du port, où sont aujourd'hui des jardins et le clos de la Condamine. Ce qui rend la chose plus que probable, c'est qu'on y trouve de temps en temps des restes d'anciens édifices. Toute cette côte fut cruellement ravagée par les Lombards et les Sarrasins. Les habitans du port Hercule, pour se soustraire à leur fureur, durent chercher un asyle dans la forteresse, où ils sont restés depuis.

Dès le dixième siècle, cette petite principauté étoit possédée par la maison de Grimaldi : elle la garda jusqu'en 1715, d'abord sous la protection de l'Espagne, ensuite sous celle de la France, qui avoit toujours cinq à six cents hommes en garnison à Monaco. Cette année-là, l'héritière de la maison de Grimaldi la porta, par mariage, dans la maison de Matignon, qui l'a gardée jusqu'à la révolution.

Les habitans n'avoient aucun sujet de plainte : ce qui n'empêcha pas après notre entrée à Nice, que cet esprit de vertige qui régnoit alors en France, ne pénétrât jusqu'à eux. Ils formèrent même une convention, composée de vingt-quatre membres : elle travailloit à une constitution qui devoit faire *leur bonheur*, et à fonder une république qui auroit tenu le premier rang après celle de Saint-Marin, lorsqu'un beau jour des troupes venues de Nice, plantèrent l'arbre de la liberté, firent voter la réunion au département des Alpes maritimes, et par cette prompte expédition, mirent fin aux travaux des conventionnels. Je reprends la suite de mon voyage.

On quitte sans regret un lieu si triste (1), et l'on prend le chemin de Menton, à travers le terroir de Monaco, très-resserré, mais

---

(1) Ceci ne tombe que sur le pays et nullement sur les habitans, qui sont en général fort honnêtes.

où il y a de fort beaux oliviers, et quelques jardins plantés de citronniers. A la lisière de ce terroir, sont des restes d'un ancien mur qui fait suite à une crête de rochers, et qui passe pour un ouvrage des Romains. Il servoit, dit-on, à garantir la Ligurie des incursions des Gaulois. De-là on voit toute la campagne de Roquebrune, et ce village perché sur un roc. Le chemin qui va dans la Ligurie est au bas, et à quelque distance du village; on le suit, et l'on se trouve sur le territoire de Menton.

On fait d'abord un quart de lieue en plaine à-peu-près unie, couverte d'oliviers : puis on arrive entre des jardins de citronniers, et qui occupent au levant et au couchant de la ville, une étendue de près de demi-lieue : je ne crois pas qu'il y ait un coup-d'œil plus agréable que celui qu'on a de la terrasse des ci-devant Capucins; vous ne voyez qu'une forêt de citronniers. Cet arbre si productif, puisqu'il donne quatre à cinq fois l'année, et peut-être davantage, fait la principale richesse de Menton. Il y a des propriétaires qui, lorsque la récolte est bonne, retirent dix à douze mille francs de leurs citrons. On en porte en France, en Hollande, en Angleterre, et même jusqu'à Hambourg. En temps de paix, ils se vendent communément à Menton 25 fr. le millier; en temps de guerre, environ 18 fr. La cueillette s'en fait en hiver et au printemps, et se réitère plusieurs fois; il y en a cependant sur l'arbre toute l'année, de même que des oranges; mais l'oranger ne produit qu'une fois l'an.

Cet arbre (je parle du citronnier) est vraiment curieux à voir, puisqu'il présente tout-à-la-fois des bouquets de fleurs, des fruits prêts à être cueillis, et d'autres de toute grosseur, depuis l'instant qu'ils se dépouillent de la fleur, jusqu'à leur maturité. On en trouve la description dans le second livre des Géorgiques. L'abbé Delille l'a rendue de la manière suivante :

Vois les arbres du Mède et son orange amère,
Qui, lorsque la marâtre aux fils d'une autre mère
Verse le noir poison d'un breuvage enchanté,
Dans leur corps expirant rappelle la santé.
L'arbre égale en beauté celui que Phœbus aime;
S'il en avoit l'odeur c'est le laurier lui-même.
Sa feuille, sans effort, ne se peut arracher ;
Sa fleur résiste au doigt qui la veut détacher :
Et son suc, du vieillard qui respire avec peine,
Raffermit les poumons, et parfume l'haleine.

Ce passage donne lieu à deux remarques : l'une, que les anciens regardoient le fruit du citronnier comme un contre-poison (1); l'autre, qu'il a été amélioré par la culture, s'il est vrai qu'il fût amer du temps de Virgile. Les Romains croyoient que cet arbre venoit de la Médie. Il falloit qu'il fût bien rare sous les premiers empereurs, puisqu'on n'en mangeoit pas encore du temps de Pline le naturaliste. On en mettoit dans les hardes pour les garantir des teignes et les parfumer; de-là le *vestis citrosa* qu'on trouve dans quelques auteurs. Cicéron avoit une table de bois de citronnier qui coûtoit deux mille écus; Asinius Pollio, une de dix mille, et il y en avoit d'un plus grand prix encore.

---

(1) Athénée cite un exemple qui a tout l'air d'un conte fait à plaisir. Il dit qu'un gouverneur d'Egypte avoit condamné deux malfaiteurs à mourir de la morsure des serpens. Comme on les conduisoit au lieu du supplice, quelqu'un, touché de leur sort, leur donna à manger un citron qui les préserva du venin de ces reptiles. Le gouverneur surpris, demanda ce qu'ils avoient mangé ou bu ce jour-là. On lui répondit qu'ils n'avoient mangé que du citron. Il ordonna que le jour suivant on en donneroit à l'un des deux seulement. Celui-ci fut sauvé une seconde fois; l'autre périt sur le champ.

Cet arbre se divise en plusieurs espèces, dont trois principales, que l'on distingue aisément à la forme et au goût du fruit, savoir, le citron proprement dit, le limon et le cédrat. Celui-ci, qui a une odeur si exquise et si recherchée, pèse jusqu'à cinq à six livres. Il est fâcheux que le citronnier soit sujet à la *marfée*. La peau du citron prend alors un brun foncé; elle est quelquefois couverte d'une toile, qui ressemble à la toile d'araignée. Les habitans de Menton n'ont rien négligé pour y remédier; jusqu'à présent ç'a été sans succès. Les citrons attaqués de cette maladie se vendent un quart de moins que les autres.

L'oranger se divise également en plusieurs espèces. Les botanistes en comptent plus de vingt : mais cette différence échappe aisément. Il y en a cependant, comme dans le citronnier, trois qu'il n'est pas possible de confondre. Ce sont l'orange douce, l'orange aigre ou *bigarrade*, et l'hermaphrodite, ainsi nommée, parce qu'elle participe de l'orange et du citron. Cet arbre est connu de temps immémorial, dans la Grèce et en Asie ; mais on croit généralement qu'il est originaire de l'Afrique, ainsi que le citronnier. La fable semble venir à l'appui de cette opinion. On sait qu'Hercule déroba les pommes d'or du jardin des Hespérides, après avoir tué le dragon qui les gardoit. Les Savans ne sont pas d'accord sur la situation de ce fameux jardin : les uns le placent dans la Libye, les autres dans la Mauritanie, d'autres dans les îles Canaries, fondés sur un passage d'Hésiode ; mais tous s'accordent à dire qu'il étoit en Afrique.

Les pommes d'or ont exercé l'imagination des poètes. S'il faut les en croire, elles ont une vertu surprenante : elles charment les yeux, et font sur les cœurs des impressions dont il est impossible de se défendre. Lorsque Junon épousa Jupiter, elle lui apporta de ces pommes en mariage, et ne crut pas pouvoir payer sa dot en plus belle monnoie. Ce fut en jetant une de ces pommes sur la table des dieux, aux noces de Thétis et de Pélée, que la Discorde mit la division entre trois grandes déesses, et porta le trouble dans l'Olympe. Ce fut avec ces mêmes pommes qu'Hippomène parvint à adoucir et à rendre sensible la fière Atalante. On connoît l'*Hesperidum miratam mala puellam* de Virgile : elle ne put les voir sans en être frappée. A peine les eut-elle apperçues, dit Théocrite, qu'elle éprouva toutes les fureurs de cette passion impérieuse.

Mais laissons là la fable. Il devoit y avoir des oranges en Phrygie, même avant la guerre de Troie; car il n'y a pas d'apparence qu'Homère en eût mis dans la main de Pâris, si elles n'avoient pas été connues du temps de ce prince. Il est très-vraisemblable que les Phocéens furent les premiers qui apportèrent l'oranger et le citronnier en Provence, comme ils y apportèrent l'olivier, le figuier, le laurier, et quelques autres arbres exotiques. Ils durent donc être connus à Nice lors de sa fondation, d'autant mieux qu'il n'y a pas de terrain sur toute la côte qui soit plus propre à leur culture, sur-tout à celle de l'oranger. Le terrain de Menton convient davantage au citronnier; voilà pourquoi il y a vingt de ces arbres pour un oranger; il est d'ailleurs d'un plus grand produit.

Menton est sans doute le *Lumonem* dont parle l'auteur de l'itinéraire déjà cité, et qu'il place entre Vintimille et le Trophée d'Auguste. Une campagne aussi riante n'a pu manquer d'être habitée dès les premiers temps. Cette petite ville fut réunie par achat à la principauté de Monaco vers le milieu du quatorzième siècle. Elle n'est qu'à deux portées de fusil des frontières de la Ligurie, et contient trois mille deux cents ames. C'est, après Nice, la commune la plus peuplée du département; car Sospello, qui est plus grand et qui en avoit quatre mille avant la révolution, en a à peine trois mille. Menton n'a, d'ailleurs, rien de remarquable. Quoique tout son commerce se fasse par mer, et qu'il occupe une vingtaine de petits navires, il n'y a point de port. On tient ces navires à sec sur le rivage, en attendant leur cargaison. Les vaisseaux étrangers qui vont chercher des denrées du pays, se tiennent à un quart de lieue dans la mer de Gênes, pour ne pas payer un droit de *tonnage*, qui est assez fort; on leur envoie ces denrées dans des barques ou dans leurs canots.

Il y a à Menton quatre ou cinq de ses habitans qui ont une fortune d'environ cent mille écus. Presque tous la doivent à la vente des citrons; on peut ajouter, et à leur économie. Il y a tel de ces richards qui vit aussi frugalement que le dernier des bourgeois de Paris.

J'ai vu dans cette ville quelques particuliers des plus aisés, se réunir et passer ensemble les dimanches et fêtes. Ils n'ont pas besoin de traiteur pour préparer leur dîner; chacun porte son plat, commandé la veille par l'ordonnateur du festin. Je me suis trouvé à un de ces banquets, et quoique j'aie été content du repas, je l'ai été encore plus de la franchise et de la bonne amitié qui régnoient parmi les convives. Dans la belle saison, ils se réunissent dans un jardin, à l'ombre des orangers et des citronniers. On se doute bien que les rafraîchissemens ne manquent pas, puisque, sans se lever, pour ainsi dire, de table, ils peuvent cueillir des citrons ou des oranges à leur choix.

Il y a tous les ans, à Menton, une cérémonie que je ne dois point passer sous silence, parce qu'elle sert à peindre les mœurs. Le soir du vendredi-saint, on porte l'effigie du Christ mort dans toute la ville : le convoi est éclairé par une grande quantité de flambeaux, et accompagné d'un orchestre nombreux, qui fait entendre des airs tantôt graves, tantôt lugubres, quelquefois gais. Cette cérémonie attire des gens de cinq à six lieues à la ronde : on la regarde comme une des plus curieuses du pays.

La ci-devant principauté de Monaco étoit composée de trois communes, qui contenoient environ cinq mille ames. Le revenu du prince étoit peu considérable, et provenoit, en grande partie, des droits qu'il percevoit dans les ports de Menton et de Monaco. Il avoit aussi des domaines en propre, qu'on a vendus, ainsi que le mobilier. Je ne ferai mention que de la Condamine, dont j'ai déjà parlé, et du château de *Carnolet,* près de Menton. C'est dans cet endroit charmant, qui rappelle le jardin des Hespérides, que le dernier prince se tenoit ordinairement lorsqu'il étoit dans le pays. Il appartient, depuis l'année dernière, au citoyen Abbo, de Menton, qui n'a pas plus entendu parler des Hespérides que de leurs pommes d'or. Le Carnolet ne lui a coûté que 21,000 fr. qu'il n'a pas même payé comptant, quoiqu'il en vaille 50,000.

Beaucoup de jardins de Menton sont ouverts, et les propriétaires ne se formalisent pas qu'un étranger aille les voir, sans être introduit, ni qu'il prenne quelques citrons ou oranges pour se désaltérer. Me promenant un jour dans ces jardins, où serpentoit un ruisseau limpide, je lus sur l'écorce d'un laurier rose, les noms de *Prosper* et de *Julia* à côté l'un de l'autre. Je me rappelai tout naturellement ces vers, où l'on reconnoît l'esprit et l'ame de l'épicurien Bachaumont :

> Sous ce berceau qu'amour, exprès,
> Fit pour toucher quelqu'inhumaine,
> L'un de nous d'eux, un jour, au frais,
> Assis près de cette fontaine,
> Le cœur percé de mille traits,
> D'une main qu'il portoit à peine,
> Grava ces vers sur un cyprès :
> Hélas ! que l'on seroit heureux
> Dans ce beau lieu digne d'envie,
> Si toujours aimé de Sylvie,
> On pouvoit, toujours amoureux,
> Avec elle passer la vie.

On croit généralement à Paris, que les chaleurs doivent être excessives à Nice et à Menton, c'est une erreur : depuis neuf heures du matin jusqu'à six heures du soir, il règne, en été, un petit vent d'ouest ou sud-ouest qui récrée. Cela est si vrai, que même dans cette saison, on préfère les appartemens exposés au midi et au couchant, à ceux qui le sont du côté du nord, afin de jouir de ce vent. On laisse les croisées ouvertes pour le laisser pénétrer dans l'intérieur par les jalousies. Souvent même il n'y a qu'un simple rideau qu'on voit toujours agité. Ce vent se rafraîchit en traversant la mer ; c'est le *favonius* des Romains, le *zéphyre* des Grecs. Il souffle, dit la fable, avec tant de douceur, et a cependant tant de puissance, qu'il rend la vie aux hommes, aux animaux, aux végétaux, et sur-tout aux fleurs; aussi lui a-t-on fait épouser la déesse Flore. Cette puissance qu'on lui attribue n'est pas une fable, c'est une vérité, et nulle part je n'ai été plus à même d'en juger qu'à Périnaldo, petite ville bâtie sur une hauteur, d'où l'on a un des plus beaux points de vue qu'il soit possible d'imaginer (1).

---

(1) Perinaldo, et quatre ou cinq autres communes, sont, pour ainsi dire, enclavées dans la Ligurie, tellement que pour y aller de Nice et de Menton, il faut nécessairement passer sur un territoire étranger, ce qui est déjà un inconvénient. Mais un autre bien plus grand, c'est qu'une pareille frontière favorise beaucoup la contrebande. Le Gouvernement a senti la nécessité d'une nouvelle démarcation, puisqu'il y avoit déjà des commissaires nommés lors de la reprise des hostilités. On a renvoyé sans doute, après la paix, l'exécution d'une mesure qui peut être regardée comme indispensable.

Il est vrai qu'il règne quelquefois sur cette côte comme en Italie, et sur-tout en Sicile, un vent bien différent de celui-là, connu sous le nom de *siroc*, en italien *siroco*. Ce vent est le sud-est : il relâche, dit-on, les fibres, abat la vivacité, la bonne humeur, le feu de l'imagination, et répand dans le corps et dans l'esprit une lassitude qui rend incapable de travail et d'application. On ajoute que les oiseaux même se ressentent de cette impression de l'air, qu'on n'entend plus leur gazouillement, qu'un morne silence règne dans les campagnes, que tous les animaux sont assoupis, enfin que les personnes sujettes à des rhumatismes, ou qui ont eu des blessures, des contusions dans quelques parties du corps, sentent leurs douleurs se renouveler. Je ne prétends pas contester ces effets ; mais je dois dire, que pendant tout l'été que j'ai passé dans le pays, je n'ai vu ni éprouvé rien de pareil.

En revanche, je connois, pour l'avoir éprouvé, toute la force des vents qui soufflent sur les montagnes, particulièrement sur le col de Bruis, entre Sospello et Breglio, et sur le col de Tende. De l'un à l'autre, il y a une gorge extrêmement profonde, qui a six ou sept lieues de longueur. C'est là que l'ouest et le *mistral* s'engouffrent, et que ne trouvant d'issue que par le col de Tende, ils en sortent avec tant de furie, qu'ils enlèvent quelquefois mulets et muletiers, et les jettent dans les précipices qui sont à droite et à gauche. Il n'y avoit pas long-temps qu'on en avoit vu un exemple, lorsque j'y passai à la fin de brumaire dernier.

Il pleut assez rarement sur la côte, du moins dans la belle saison. L'année dernière il n'y tomba pas une goutte d'eau depuis le mois de ventôse jusqu'en fructidor. On est étonné de cette sécheresse dans un pays situé entre la mer, d'où il s'élève beaucoup de vapeurs, et des montagnes qui sont si longtemps couvertes de neige : c'est qu'on n'a pas fait attention que ces vapeurs sont emportées par les vents, ou dissipées par le soleil avant qu'elles aient pu monter assez haut pour s'y rassembler en nuages, et former la pluie. On voit, le matin sur-tout, de la cime de ces montagnes, où il fait clair et serein, la mer et le rivage couverts de brouillards, qui ne tardent pas à disparoître. Au surplus, si c'est un mal que cette disette d'eau, elle met les habitans à l'abri d'un mal bien plus grand, je veux dire de la grêle, dont il tombe très-rarement à Nice et à Menton, tandis que sur les derrières, le département en est souvent ravagé.

C'est durant le séjour que j'ai fait sur cette côte, que je me suis convaincu du passage en Afrique, et du retour en Europe, de plusieurs espèces d'oiseaux. J'en ai sur-tout remarqué un grand nombre, semblables au merle, si ce n'est que leurs plumes sont d'un noir cendré. Il y en a qui n'arrivent pas à bon port. Exténués de faim et de fatigue, ils tombent dans la mer à la vue du rivage. J'en ai trouvé qui avoient été poussés par les vagues. Les enfans vont les ramasser; mais ce doit être un fort mauvais mets, ces oiseaux étant d'une maigreur extrême. J'ignore si, chemin faisant, ils se reposent en Sardaigne et en Corse.

J'ai parlé ci-dessus du laurier rose. Après l'oranger et le citronnier, c'est l'arbre du pays qui plaît davantage à la vue : il y en a à fleurs blanches et à fleurs rouges, et ils en sont chargés depuis le mois de prairial jusqu'en fructidor. Ces fleurs ont toujours la même fraîcheur et le même agrément. Il y a des lauriers rose qui ont jusqu'à vingt-cinq pieds de haut, et un branchage proportionné. Rien de plus curieux en ce genre que les bords de la *Nervia*, qui se jette dans la mer entre Vintimille et la Bordiguière : c'est une grande plaine totalement couverte de lauriers rose. Elle a peut-être donné son nom à la petite ville de *Campo-Rosso*, ou champ rouge, qui est à une de ses extrémités. Tous les ans on charge de petits navires de plants de ces arbres, qu'on transporte en Italie, sans que la quantité en paroisse diminuer; ils sont là comme dans leur élément.

Un arbre encore remarquable, est le palmier, consacré par les poètes aux héros, par la religion, aux martyrs, et symbole de la victoire. Il y en a beaucoup à la Bordiguière, à trois lieues de Menton, où la terre est légère, sablonneuse et nitreuse. En y arrivant, je crus me trouver aux environs de Jéricho. Cet arbre ne demande aucun soin, et occupe très-peu de terrein, puisqu'il n'a presque pas de racines. On coupe les palmes dans le carême pour les porter à Rome, où l'on en fait un grand débit le dimanche des rameaux, et dans la semaine sainte. On sait de quelle utilité étoit le palmier aux anciens solitaires d'Egypte. Ses feuilles et son fruit suffisoient presque à leur vêtement et à leur nourriture. Ces mêmes feuilles fournissoient aussi au travail de leurs mains : ils en faisoient des nattes, dont le foible produit les aidoit à subsister (1).

Le fruit de cet arbre ne mûrit pas sur cette côte, vraisemblablement parce que le climat n'est pas assez chaud. On en assigne cependant une autre cause; c'est qu'il n'y a pas de palmier mâle. Quelques Botanistes prétendent que si un palmier femelle n'a point de mâle dans son voisinage, il ne porte aucun fruit, ou s'il en porte, qu'il ne vient pas à maturité ; ils veulent qu'il soit fécondé par la poussière des étamines que le vent enlève des fleurs du palmier mâle, pour les porter sur ses branches et sur ses fleurs.

Aux arbres fruitiers, dont j'ai déjà eu occasion de parler, et que l'on a apportés de l'Afrique et du Levant, il faut ajouter le grenadier, le pistachier et le jujubier, originaires des mêmes contrées, mais qui viennent fort bien à Nice. On y trouve aussi le câprier.

---

(1) On lit dans la vie des Pères du désert, que le bon saint Antoine portoit, aux fêtes de Pâques et de la Pentecôte, la tunique de feuilles de palmier qu'il avoit héritée de saint Paul, premier hermite.

Celui-ci n'est pas un arbre, mais un arbuste, qui rampe à terre le long des murailles. Son fruit conserve encore le nom grec dans le mot provençal *tapenos*, c'est-à-dire rampant. On le plante ordinairement au pied d'un mur exposé au midi et à l'abri du vent du nord, parce qu'il aime une chaleur douce. Une chose à remarquer, est que son fruit ne vient pas après la fleur, comme dans les autres arbres ; c'est le bouton même de la fleur qui n'est pas encore épanouie.

Je n'ai point parlé de la vigne connue de tout temps en Provence, puisque, suivant Justin, les Phocéens l'y trouvèrent et apprirent seulement aux habitans à la tailler. J'ai dit que le vin de Monaco est d'une qualité au-dessous du médiocre ; mais je n'ai vu nulle part d'aussi gros raisins. Il y en a qui pèsent sept à huit livres. On m'a même assuré qu'il y en avoit qui pesoient jusqu'à douze. Il y a des cantons, dans ce département, qui produisent de fort bon vin, et sur-tout d'excellent muscat. Quelques quartiers du terroir de Nice donnent du vin rouge qui pourroit être mis à côté du vin de Mâcon. A mesure qu'il devient vieux, on le prend aisément pour du vin étranger. C'est ce dont j'ai été témoin à

Nice même. On en servit de douze ans, sur lequel tous les convives se méprirent.

Le vin, après l'huile, est la principale denrée du département; ce qui s'entend de la partie méridionale. L'un et l'autre seroient encore meilleurs, si les habitans ne tenoient plus à la quantité qu'à la qualité. Pour le fruit, ce qui abonde le plus, ce sont les figues, dont il y a au moins quarante espèces. Je n'en ai jamais tant vu qu'à Sospello : on en donne quelquefois aux cochons.

Ce département a une étendue d'environ vingt lieues du nord au midi, sur dix à douze du levant au couchant : mais telle est la nature du pays, que, dans la partie septentrionale, on est souvent enfermé deux ou trois mois de l'année par la grande quantité de neige qui y tombe; et que, dans la belle saison, on met ordinairement trois jours pour descendre à Nice. La hauteur des montagnes, qui semblent presser la terre de leur poids, va toujours en augmentant, à partir de la côte. Elles paroissent entassées les unes sur les autres : c'est vraiment *Ossa sur Pélion* et *Pélion sur Ossa*.

Il y a des vallées si profondes, qu'il y fait, pour ainsi dire, déjà nuit, quand le soleil éclaire encore le haut de ces montagnes ; et il y a d'autant moins de crépuscule, que l'horizon est plus borné.

La partie du nord ne produit guère que du grain et du fourrage. Depuis le mois de prairial jusqu'en vendémiaire elle est couverte d'une herbe fine, qui fournit un excellent pâturage aux troupeaux du pays, et à ceux qu'on y mène des environs d'Arles. Le terrain en culture, dans la partie méridionale, est sur la pente et au pied des montagnes. On y trouve des coteaux et quelques vallées agréables, sur-tout aux environs de Sospello, de la Rocabilière, du Puget de Théniers et de la Penne (1). Le terroir du Villar est

---

(1) Ce village est dans la vallée du *Chanan*, où l'on trouvoit anciennement les *Beritini*. Il n'en a pas fallu davantage pour faire croire que ces Beritins étoient des Chananéens venus de Berite, ville de Phénicie, et chassés de leur pays par Josué. On s'est encore fondé sur ce que quelques champs de cette vallée portent les noms d'*Uriel*, de *Manassès* et de *Salomon*. Mais des Chananéens n'auroient pas donné des noms hébreux à leurs nouvelles demeures. Il est donc plus vraisemblable qu'on les doit à des Juifs qui, dans quelqu'une de leurs dispersions, se réfugièrent dans ces quartiers-là.

si beau, qu'on l'a fait figurer dans le *Théâtre du Piémont et de la Savoie*, en deux volumes in-folio, orné de superbes gravures. Ce qui est exposé au midi, jouit en général d'une température assez douce, même en hiver, lorsque le soleil est sur l'horizon : il n'en est pas ainsi de la partie qui regarde le nord; pour des yeux qui n'y sont pas habitués, il est vraiment curieux de voir le printemps d'un côté, tandis que l'hiver tient l'autre encore engourdi.

Du fond des vallées s'élèvent beaucoup de vapeurs chargées de nitre et autres matières analogues : de-là, ces fréquens tonnerres pendant les orages, et dont les éclats répétés par mille échos, imitent le feu roulant de l'artillerie. Une partie de ces vapeurs se change en rosée, qui est fort abondante; l'autre va couvrir le sommet des monts, et y forme, en été, des nuages très-épais et très-humides. Si malheureusement le vent du nord ou celui du nord-ouest, autrement dit *mistral* (1), vient à souffler, ce ne sont

---

(1) Ce fameux *mistral*, qui est si impétueux et si piquant, désole le pays et toute la Provence. Outre qu'il contribue beaucoup à former la grêle, il glace

plus des nuages, ce sont des amas de grêle, qui, en un instant, portent le ravage et la désolation dans les campagnes. Lorsqu'ils se résolvent en pluie, ce sont des torrens furieux, qu'on entend de fort loin, à cause des pierres énormes qu'ils entraînent. On croit voir une colline rouler dans la plaine, au milieu d'une poussière d'eau qui s'échappe des ondes blanchissantes. L'air d'alentour en est si agité, que bien souvent il renverse les plus gros arbres.

Ces torrens sont d'autant plus désastreux pour le pays, que c'est près de leurs bords que se trouve le terrain le plus précieux et le mieux cultivé. Mais ce n'est rien en comparaison des ravages que fait le *Var*, ainsi

---

les fruits lorsqu'ils ne sont pas encore parvenus à une certaine grosseur : il est la source de beaucoup de maladies, parce qu'il fait passer, en un instant, d'une température douce en une température très-froide. On voit, par ce qu'en ont dit les anciens, qu'il a été de tout temps le même en Provence. La cause de ce vent n'est pas connue. On a cru seulement remarquer, que sa violence est en proportion de la pluie qui tombe dans les Cévennes et le Vivarais. Nice, malgré le rideau de montagnes qui l'enveloppe, n'est pas tout-à-fait à l'abri de ce vent.

nommé, sans doute, à cause de la variation de son cours, qui a lieu d'un instant à l'autre. Ce fleuve, qu'on pourroit appeler *le fléau du pays*, grossit quelquefois prodigieusement dans l'automne; et comme il est très-rapide, il emporte les vignes, les oliviers, maisons, prairies, en un mot tout ce qu'il rencontre.

Ce sont, sans doute, les effets de ce fleuve et de ces torrens dévastateurs, dont le département est sillonné, qui ont fait croire à un voyageur moderne que toute cette contrée, ou du moins la plus grande partie, étoit originairement une plaine, qui s'élevoit en avançant vers le nord ; qu'il s'y fit d'abord des affaissemens en différens endroits, qu'ensuite l'action des glaces, leur fonte, ainsi que celle des neiges et la chute rapide des eaux pendant les orages, divisèrent peu-à-peu le terrein, le creusèrent, formèrent des vallons et isolèrent par conséquent des monceaux de terre que nous appelons montagnes. La plupart de ces montagnes, une fois formées, ont laissé échapper la terre qui les couvroit, et qui, n'étant plus retenue dans sa pente rapide, est tombée par son propre poids. La pierre vive qui formoit le noyau, a donc paru tel qu'on le voit aujourd'hui.

On pensera ce qu'on voudra de cette hypothèse, que l'on peut appliquer à la formation de toutes les montagnes du globe. Ce qu'il y a de certain, c'est que la pointe de ces montagnes n'est ordinairement de roche vive, que dans la partie méridionale; celles du nord, comme je l'ai dit, sont couvertes de pâturages jusqu'au sommet.

Il y a dans ce département une mine de plomb qui contient quelque peu d'argent. Elle est à trois lieues de Tende, et presque toujours au milieu des neiges. Il fallait que les Romains fissent grand cas de ce métal pour aller le chercher dans un pays aussi sauvage; à moins que ce ne fût pour l'argent qu'on y trouvoit peut-être, alors, en plus grande quantité qu'aujourd'hui. Quoi qu'il en soit, on voit encore la partie des excavations qu'ils ont faites, et qui sont dans un roc fort dur. Les rois de Sardaigne firent reprendre cette exploitation, il y a environ soixante ans. C'est un Piémontais qui en dirige actuellement les travaux pour son compte, au moyen d'un privilége qu'il a obtenu du gouvernement. Il y avoit l'année dernière, une centaine d'ouvriers, tant hommes que femmes. Si j'en crois le directeur, cette mine est, dans ce moment-ci, d'un foible produit.

Les rivières, à l'exception du Var, sont peu considérables, si ce n'est dans les temps d'orage et de la fonte des neiges : on y pêche d'excellentes truites; (il faut encore en excepter le Var, qui n'a pas même le mérite d'être poissonneux, à cause de sa grande rapidité.) Comme leur lit est très-étroit, le bruit qu'elles font, est en quelque sorte augmenté par le silence qui règne dans ces vallons. La description suivante me paroît en donner une assez juste idée.

> Là, parmi des rocs entassés,
> Couverts d'une mousse verdâtre,
> S'élancent des flots courroucés,
> D'une écume blanche et bleuâtre.
> La chute et le mugissement
> De ces ondes précipitées,
> Des mers par l'orage irritées,
> Imitent le frémissement.

En 1760, la Viguerie de Guillaume, qui faisoit partie de la Provence, fut réunie au comté de Nice. Le roi de Sardaigne céda quatre ou cinq villages. On appela ce traité,

traité d'échange, quoiqu'il fût tout à l'avantage de la maison de Savoie.

Au midi de Guillaume, et sur la rive gauche du Var, est le Puget de Théniers, petite ville qui semble avoir toujours fait partie de la France. La raison en est qu'elle étoit sur la frontière ; que les habitans faisoient leurs études en français, et qu'ils étoient d'un diocèse français. Il n'y avoit que les notaires qui sussent, tant bien que mal, l'italien, parce que leurs actes se passoient dans cette langue. La différence qu'il y a du Puget aux autres communes du département, est si sensible, que les Français qui arrivent dans le pays s'en apperçoivent aussitôt, et en préfèrent le séjour.

On a trouvé dans cet endroit deux inscriptions, qui prouvent qu'il existoit du temps des Romains, et que si les habitans n'étoient pas riches, ils ne manquoient pas au moins de reconnoissance : il est dit dans l'une, qu'ils voulurent ériger un monument en l'honneur de M. *Julius Nigronius*, leur protecteur ; et que Nigronius, satisfait de leur zèle, ne permit pas qu'ils en fissent la dépense. On voit par l'autre, qu'ils assignèrent pour marque d'honneur, à *C. Attilius*, de la tribu Faleria, préfet de la septième cohorte ligurienne, un lieu pour y faire bâtir, on ne sait si c'est une maison, un temple, ou tel autre monument.

A la chute de l'Empire d'Occident, le pays compris dans ce département fut tour-à-tour ravagé par les Ostrogoths, les Saxons, les Lombards, les Sarrasins, et par les Francs. Il respira sous Charlemagne, fit ensuite partie du royaume d'Arles, et suivit le sort de la Provence sous les comtes de ce nom. En 1388, les habitans du comté de Nice, fatigués des guerres que se faisoient dans cette province les partisans des deux maisons d'Anjou, se donnèrent à Amédée VII, comte de Savoie, qui leur conserva tous les priviléges dont ils jouissoient.

Depuis la deuxième race, ce pays avoit donc cessé de faire partie de la monarchie française. Les habitans pouvoient néanmoins posséder des charges et des bénéfices en France ; succéder, sans sortir de chez eux, à leurs parens qui mouroient dans le royaume; en un mot, ils jouissoient de tous les droits des Français, sans avoir besoin d'obtenir des lettres de naturalité.

Les choses étoient en cet état, lorsque,

dans les premiers jours de la Convention, c'est-à-dire à la fin de septembre 1792, nos troupes, commandées par Anselme, entrèrent à Nice. Les Piémontais, au nombre de six ou sept mille, l'avoient évacuée deux jours auparavant, et s'étoient repliés sur Saorgio. Avec eux sortirent, dans le plus grand désordre, les émigrés qui étoient dans cette ville, et beaucoup de Niceois, n'emportant, pour la plupart, que les habits qu'ils avoient sur le corps. Leurs meubles et effets furent pillés en grande partie. Des hommes qui auroient dû donner l'exemple du respect pour le bon ordre et les propriétés, ne fût-ce que pour faire aimer la domination française, crurent devoir profiter de l'occasion.

Je viens de dire que l'ennemi s'étoit replié sur Saorgio : comme il faisoit des incursions du côté de Nice, il en résulta de fréquens combats. C'est durant cette petite guerre, à laquelle quelques habitans furent accusés de prendre part, qu'un grand nombre de maisons de campagne furent brûlées. Le beau terroir de Sospello et celui de Breglio sont ceux qui souffrirent le plus. On ne se contenta pas de brûler, on coupa les oliviers, qui sont la principale ressource du pays.

Heureusement le mal est déjà réparé en partie. Le climat est si favorable à cet arbre, que, dans quelques années, il aura repris toute sa beauté.

Nos généraux auroient bien voulu pénétrer par Breglio jusqu'à Saorgio. On ne peut se faire une idée, sans l'avoir vu, de la gorge qui va d'un de ces endroits à l'autre. Pendant une heure, il faut marcher entre deux montagnes de roche vive, d'une hauteur effrayante, et si près l'une de l'autre qu'elles paroissent se toucher. La Roya se précipite par cascades dans cet affreux vallon, où l'on n'entend que le bruit des flots et le cri des oiseaux de proie. A côté, est le chemin qui va de Nice en Piémont, et que Charles Emmanuel 1er commença de faire ouvrir, il y a deux cents ans. C'est un ouvrage digne des anciens Romains. On ne peut y passer sans éprouver ce sentiment d'horreur qu'inspire la vue de gros quartiers de rocher, suspendus sur votre tête, et qui, déjà séparés de la masse par de larges crevasses, semblent menacer de vous écraser. Il y avoit deux inscriptions bien méritées, en l'honneur des princes qui ont fait tracer ce chemin : dans tous les temps et chez tous les peuples, on a respecté ces sortes de monumens, que l'on ne peut soupçonner d'être l'ouvrage de la flatterie. Une main barbare a effacé la plus honorable de ces inscriptions.

Vis-à-vis cette gorge étoit le fort de Saorgio. Tenter d'y aborder par-là, c'étoit tenter l'impossible. C'est vraiment le pas des Thermopyles ; et encore les Perses n'avoient pas devant eux des batteries prêtes à les foudroyer : on prit un autre chemin. Une colonne de l'armée passa par Vintimille, Dolceaqua et le mont Tanardo, descendit à la Briga, et gagna les derrières de Saorgio. Le commandant du fort, nommé Saint-Amour, qui avoit des vivres pour un an, capitula au bout d'un jour. Il eut la tête cassée à Turin ; mais le fort de Saorgio fut rasé.

Aux fléaux de la guerre qui désoloit ce pays, se joignit l'épidémie de l'an VII. Elle emporta, dans la seule ville de Nice, un sixième de la population. Cette épidémie eut pour première cause, le mouvement continuel des troupes. Ce n'est pas trop dire que, dans le cours de la révolution, il a passé par cette ville un million de soldats. On sait qu'il y a eu des temps où les armées manquoient de tout. La mauvaise nourriture et la malpropreté devoient avoir des suites plus fâcheuses à Nice que par-tout ailleurs. Les hôpitaux étoient encombrés de malades et ne pouvoient suffire. On les logeoit dans les maisons des particuliers, qui n'en étoient pas quittes pour fournir des lits, du linge, etc.; bientôt la maladie se communiquoit, et ces maisons devenoient elles-mêmes des hôpitaux.

La population du département des Alpes-Maritimes, qui étoit en 1792 de plus de cent mille ames, n'est aujourd'hui que d'environ quatre-vingt-six mille. La guerre, l'émigration et l'épidémie dont je viens de parler, sont les principales causes de cette diminution. La paix amènera sans doute un changement. En attendant, il y a un fait que je dois dire, parce qu'il est vrai et généralement connu; c'est que ce département, plus pauvre que les départemens voisins, plus sujet à la grêle, aux orages et aux débordemens des rivières, paie plus à proportion. Cette inégalité dans les charges, est ce qui affecte le plus les habitans. Elle est d'ailleurs contraire aux intentions du gouvernement, qui veut que l'impôt soit également réparti (1).

---

(1) On dit que les premiers administrateurs du dé-

Un commandant pour le militaire ; un préfet et deux sous-préfets pour la partie administrative ; un tribunal criminel et trois tribunaux de première instance, pour la partie judiciaire, telles sont les principales autorités constituées. Le tribunal criminel, et un des tribunaux de première instance, sont à Nice ; les deux sous-préfets et les deux autres tribunaux sont au Puget de Théniers et à Monaco. Sous la Convention, on fit de ce dernier endroit un chef-lieu d'arrondissement, quoiqu'il soit à une de ses extrémités, et qu'il ne présente aucune ressource, ni pour les conseils dont on peut avoir besoin, ni même pour la vie animale. Il y a plusieurs communes dans ce même arrondissement, qui sont plus considérables et sur-tout plus centrales, par conséquent plus à portée des ad-

---

partement, du temps de la Convention, sont la principale cause de cette inégalité. Soit ignorance en administration, soit qu'ils fussent plus occupés de leurs intérêts que des intérêts de leurs administrés, ils demandèrent au Gouvernement une somme beaucoup plus forte qu'il n'étoit nécessaire pour les frais de régie. Le Gouvernement partit de là pour régler les contributions que le pays étoit dans le cas de supporter. Voilà du moins ce qui m'a été assuré à Nice.

ministrés. Telle est la commune de Sospello, qui offre d'ailleurs tout ce qui manque à Monaco. Il seroit digne de la sollicitude du préfet actuel (1), de provoquer un changement réclamé par vingt mille justiciables, et dont la nécessité est généralement sentie.

Je finirai par quelques observations sur les habitans. Plusieurs ont profité de la révolution. En revanche presque tous les ci-devant nobles et beaucoup d'autres sont ruinés, ce qui n'a pas peu contribué à la dépopulation. Sous la domination du roi de Sardaigne, Nice et son territoire contenoient environ trente-quatre mille ames; aujourd'hui, il n'y en a guère que les deux tiers.

Les mœurs tiennent nécessairement de celles des Provençaux et des Italiens. Le vil intérêt et le dur égoïsme ont gagné à-peu-près toutes les classes. Là, comme ailleurs, on connoît la toute-puissance de l'argent, et l'on n'est pas plus difficile qu'ailleurs sur le choix des moyens de s'enrichir. On accorde tout cela avec la religion, ou, pour mieux dire, avec les pratiques de dévotion; fêtes et di-

---

(1) M. Dubouchage, du département de l'Isère, homme d'esprit et de mérite, et d'une intégrité rare.

manches, les églises ne désemplissent pas; mais, en général, on connoît peu la religion.

A demi-lieue au nord du Trophée d'Auguste, et à une lieue et demie de Monaco, dans un vallon affreux, est un couvent de ci-devant Carmes, célèbre par une Vierge connue sous le nom de Notre-Dame de Laguey. Le jour de la Trinité, on y va en pélerinage de douze à quinze lieues à la ronde. La curiosité m'y attira ce jour-là l'année dernière. J'y trouvai une foule de personnes de tout âge et de tout sexe, dont la plupart avoient passé la nuit dans l'église, les galeries, et sous les rochers du voisinage. Pendant le dîner, la force armée amena un Ligurien que l'on disoit être un homme déguisé en femme. D'après les renseignemens que l'on prit, il paroît que ce pélerin, à-peu-près imbécille, pouvoit également porter les habits des deux sexes, c'est-à-dire qu'il ressembloit à l'amant de la nymphe Salmacis. Il venoit peut-être implorer la *Madone*, pour être tout un ou tout autre ; j'ai de fortes raisons de croire qu'il s'en alla comme il étoit venu.

J'eus occasion d'admirer, pendant toute la journée, la ferveur de ces bonnes gens. Après vêpres, on fit une procession autour de la place qui est devant l'église. Je remarquai, parmi les malades, deux paralytiques traînés par leurs parens et leurs amis. On recommença plusieurs fois dans l'attente du miracle. Les malheureux paralytiques suoient sang et eau. Outre la fatigue d'une longue marche, ils étoient encore exposés, tête nue, aux rayons d'un soleil ardent. Je ne veux pas révoquer en doute le crédit de la Vierge, ni blâmer les bonnes ames qui ont recours à son intercession; on peut dire, cependant, qu'après une aussi cruelle épreuve, il pouvoit survenir une crise salutaire, sans que la Vierge s'en fût mêlée.

Pendant que les uns étoient à la procession, les autres étoient à l'église à prier la Madone. Des femmes et des enfans debout, ou à genoux au pied de l'autel, sur l'autel même, et jusques sur les gradins, tendoient leurs mains suppliantes vers elle, et demandoient grace, miséricorde, avec des cris qui perçoient la voûte. Je ne pus tenir à ce spectacle, non plus qu'à celui de ces malheureux, qui se traînoient à la procession; j'allai m'asseoir à l'ombre d'un figuier sauvage, en attendant l'heure de mon départ.

Il y a plusieurs bourgs et villages dans ce département, qui ont chacun leur saint, renommé par la guérison de quelque maladie. Les habitans de Monaco ont saint Roman, qui guérit de la fièvre quarte ; les autres espèces de fièvre ne sont pas de son district. Ils ont encore, pour patrone de leur ville, sainte Dévote, dont le nom n'a peut-être pas peu contribué à faire la fortune. Tous les ans un des Fléchier du pays fait son panégyrique. J'assistai à celui qui fut prononcé l'année dernière. On ne peut se former une idée des fables que M. le curé de...... débita à cette occasion, dans la chaire de vérité.

Au surplus, tout n'est pas dévotion dans ces fêtes. Pendant que les uns font de ces jours-là des jours de prière, les autres en font des jours de joie et de plaisir. Ils finissent nécessairement par des danses, sans lesquelles ces gens-là ne vivroient pas.

J'ai dit qu'en général on connoît peu la religion, et ce n'est pas le seul article sur lequel on manque d'instruction. Soit défaut de goût pour les sciences, les lettres et les arts, soit défaut de moyens (et il m'a paru qu'il y a de l'un et de l'autre), les lumières en tout genre y sont peu répandues. L'étude de la jurisprudence est celle à laquelle on se livre le plus. C'étoit celle qui, avant la conquête, menoit ordinairement aux emplois.

Ce pays a cependant produit des hommes d'un mérite distingué. Qui ne connoît l'illustre Cassini et les deux Maraldi, ses neveu et petit-neveu? Tous les trois étoient de Perinaldo. J'ai vu la maison où naquit Cassini, et à laquelle le dernier des Maraldi, mort au commencement de la révolution, fit faire une terrasse qui lui servoit d'observatoire.

Dominique Cassini fut le restaurateur de l'astronomie en France, comme Galilée l'avoit été en Italie et Copernic en Allemagne. Il s'est fait un nom si célèbre, qu'on ne trouvera pas déplacé que j'entre dans quelques détails sur sa vie et ses travaux.

Il naquit en 1625. Après avoir fait ses études à Gênes, il s'attacha avec ardeur à l'astronomie. Ses progrès furent si rapides, qu'à l'âge de vingt-cinq ans, on le choisit pour professer cette science à l'université de Bologne. Durant son séjour dans cette ville, il traça la fameuse méridienne de Sainte-Pétrone; ouvrage admirable, sur lequel on peut suivre tous les jours le mouvement du soleil lorsqu'il s'approche ou s'éloigne du zénith de cette ville. Il y travailla avec une telle attention, qu'un astronome fameux n'a pu s'empêcher de dire qu'elle étoit *plus angélique qu'humaine.*

Ce fut d'après les observations faites sur cette méridienne, qu'il donna des tables du soleil, plus exactes et plus sûres que celles qu'on avoit publiées jusqu'alors. Il détermina ensuite la parallaxe de cet astre ; fut le premier à faire connoître la théorie des comètes, et découvrit quatre des cinq satellites de Saturne ; en un mot, il n'y a point de corps céleste qu'il n'ait interrogé, pour savoir à quelle loi il obéissoit.

Il n'étoit pas tellement renfermé dans le ciel, qu'il ne descendît quelquefois sur la terre. Les inondations du Pô occasionnoient de fréquens débats entre les habitans de Bologne et de Ferrare ; il les régla à la satisfaction de ces deux villes, et on lui donna la sur-intendance des eaux.

Louis XIV, qui recherchoit toute sorte de gloire, desira d'attirer Cassini en France et lui fit écrire par Colbert. Cassini répondit qu'il ne pouvoit accepter l'honneur qu'on vouloit lui faire, sans l'agrément du pape et du sénat de Bologne. Le roi leur fit donc demander notre astronome pour quelques années seulement : on crut que la négociation ne réussiroit pas sans cette restriction.

Lorsqu'il arriva à Paris, en 1669, il fut reçu de Louis XIV, comme Sosigènes, appelé à Rome pour réformer le Calendrier de Numa, avoit été reçu de César. Quelques années après, le pape et le sénat de Bologne le redemandèrent avec chaleur; mais Colbert n'en mit pas moins pour le leur disputer. Il eut enfin le plaisir de vaincre. Cassini se maria bientôt après, et le roi, en agréant son mariage, eut la bonté de lui dire qu'il étoit bien aise de le voir devenu Français pour toujours.

Il prédit devant toute la famille royale, le cours de la fameuse comète de 1680. Il avait fait une pareille prédiction à Rome, devant la reine Christine, pour la comète de 1664. L'une et l'autre suivirent la route qu'il leur avoit, pour ainsi dire, tracée.

Dans les dernières années de sa vie, il perdit la vue, malheur qui lui a été commun avec l'illustre Galilée; ce qui a fait dire à Fontenelle que, suivant l'esprit de la fable, ces deux grands hommes, qui ont fait tant de découvertes dans le ciel, ressembleroient à Tirésias, qui devint aveugle pour avoir vu quelque secret des dieux.

Il mourut en 1712, à l'âge de 87 ans, sans maladie, sans douleur, et par la seule nécessité de mourir. Il n'avoit jamais eu d'autre infirmité que celle de la perte de la vue. La constitution de son esprit étoit semblable à celle de son corps. Il l'avoit égal et tranquille, exempt de ces vaines inquiétudes, qui sont les plus douloureuses et les plus incurables de toutes les maladies.

Il y a dans le pays plusieurs familles de son nom. J'ai vu dans l'église de Perinaldo, un grand tableau représentant les ames du purgatoire, dont il fit présent à sa patrie en 1663. La date est au bas du tableau; on y voit qu'il étoit alors professeur à Bologne.

Le fameux Théophile Rainaud, jésuite, étoit de Sospello. On a de lui vingt volumes in-folio, où il y a, sans doute, beaucoup de choses inutiles, mais où l'on trouve des preuves de son esprit, quelquefois de son génie, et toujours de son immense érudition. Le Puget de Théniers vit naître M. Caïssoti, mort, il y a environ trente ans, chancelier en Piémont. Son mérite seul l'éleva de grade en grade, à cette haute dignité. Un de nos premiers généraux, *l'Enfant chéri de la Victoire*, sort de Levens. Carlo Fea, de Pigna, est commissaire des antiquités à Rome, ce qui est déjà un préjugé en faveur de son mérite ; mais ce qui le prouve encore mieux, ce sont ses notes sur l'*Histoire de l'art de Winckelmann*. L'abbé Barruchi, garde du cabinet des antiques à Turin, autre savant antiquaire, est de la Briga, patrie du général Rusca. Les Vanloo viennent de Nice. Je nommerai encore l'abbé Alberti, lexicographe estimé, dont nous avons un Dictionnaire Français et Italien. Enfin, qu'il me soit permis d'ajouter à cette liste le nom d'un homme qui a aussi fait quelqu'honneur à sa patrie, je veux parler de l'abbé Papon.

Jean-Pierre Papon naquit au Puget de Theniers en 1734. Après les premières études, ses parens l'envoyèrent à Turin pour y faire son cours de philosophie. Il entra ensuite à l'Oratoire, et professa les belles-lettres et la rhétorique à Marseille, à Riom, à Nantes et à Lyon. Il étoit dans cette dernière ville lorsque le régime de sa congrégation le chargea d'aller traiter, avec le ministre du roi de Sardaigne, d'une affaire qui intéressoit le corps : il la termina à la satisfaction de ses supérieurs. A la fin de sa mission on lui confia le soin de la bibliothèque de Marseille; c'est là que, maître de tout son temps, il commença à travailler à *l'Histoire de Provence*, qui est sans prévention, un des meilleurs ouvrages que nous ayons en ce genre. Il fit le voyage d'Italie pour chercher dans les archives du royaume de Naples, que les comtes de Provence avoient possédé, ce qui pouvoit avoir rapport à cette histoire. A son retour, il vint à Paris, où il se fit un grand nombre d'amis parmi les gens de lettres et les personnes du premier rang. Ce fut pour les cultiver et se livrer avec plus de liberté à son travail, qu'il quitta l'Oratoire, conservant les sentimens d'estime et d'attachement qu'il avoit toujours eus pour ce corps.

La révolution le priva des fruits de ses travaux et des bienfaits qu'il tenoit de l'ancien gouvernement. Il supporta cette perte avec philosophie, on pourroit même dire avec indifférence. Préférant, à tout, son repos et sa tranquillité, il alla passer quelques années dans le département du Puy-de-Dôme, et ne revint à Paris, qu'après que les temps d'orage furent passés. Il mettoit la dernière main à *l'Histoire de la Révolution*, et qui va jusqu'au 18 brumaire, lorsque le 25 nivôse an XI, une attaque d'apoplexie l'enleva subitement aux lettres et à ses amis.

De l'esprit et de l'enjouement, un caractère franc et loyal, qui se peignoit sur sa physionomie et jusque dans son maintien; de la prévenance, le ton de la bonne société qu'il avoit toujours fréquentée, une manière de narrer agréable et qui lui étoit particulière; telles étoient les qualités qui le faisoient rechercher, et qui le font regretter de tous ceux qui l'ont connu.

Outre l'*Histoire générale de Provence* et l'*Histoire* manuscrite *de la Révolution*, nous avons encore de l'abbé Papon une excellente *Rhétorique*, intitulée : l'*Art du Poète et de l'Orateur*, dont il y a eu cinq éditions (1); un *Voyage de Provence*, suivi de quelques lettres sur les Troubadours; une *Histoire de la Peste*, depuis celle qui désola Athènes du temps de Périclès et d'Hippocrate, jusqu'à celle de Marseille; une *Histoire du Gouvernement français* durant l'assemblée des no-

---

(1) On trouve la dernière chez Obré, libraire, rue Mignon, n° 1.

tables, et jusqu'à la fin de 1787. L'auteur garda l'anonyme. Il prédit dans cet ouvrage une partie des événemens arrivés depuis. Enfin, une *Méthode pour apprendre facilement la langue grecque*, et quelques *Opuscules* d'un moindre intérêt.

A mesure qu'on s'éloigne de la mer et que l'on s'enfonce dans les montagnes, on ne trouve que des villages et quelques bourgs situés à deux ou trois lieues les uns des autres. Dans la plupart de ces endroits, il n'y a ni horloge, ni cadran solaire, ni instrumens de météorologie. Le chant du coq, la position des étoiles servent à régler les heures pendant la nuit; pendant le jour, c'est le cours du soleil. Les paysans, à l'inspection de cet astre, vous disent quelle heure il est, avec presque autant de précision que pourroit le faire une pendule. Ils prédisent, avec la même certitude, les changemens de temps. Passant leur vie à la campagne, doués d'une vue perçante, d'une mémoire heureuse, ils rassemblent un grand nombre de petits faits, qui leur donnent un pressentiment confus, semblable, en quelque sorte, à l'instinct des animaux. ils joignent à cela quelques signes locaux, un brouillard qui s'élève à une telle heure, sur un tel point de l'horizon; un nuage de telle ou telle couleur, sur le sommet de telle ou telle montagne; le passage ou le chant de tels oiseaux : avec ces secours, ils sont en état de défier le plus habile physicien.

Leurs mœurs sont en général honnêtes. Pauvres et séparés, pour ainsi dire, du reste du monde, ils n'ont ni les vices que le luxe entraîne, ni les passions qui règnent dans les grandes sociétés. La conservation de leur famille, de leur champ, de leurs troupeaux, voilà ce qui les occupe tout entiers. Rien n'égale leur patience dans le travail; aucun obstacle ne les rebute. Ils supportent avec une constance égale les peines du corps et celles de l'esprit. La mode n'a point étendu jusqu'à eux son empire : ils ont à-peu-près les mêmes usages, le même costume que leurs aïeux. Pour peu qu'ils connaissent un voyageur que ses affaires attirent dans leur village, ils sont empressés de l'accueillir et de partager avec lui leur repas frugal; souvent même ils cèdent leur lit : c'est une image de l'hospitalité des anciens temps. Cela s'applique aux habitans de la partie du nord. Vers les frontières du Piémont et de la Ligurie, ils sont faciles à émouvoir, brusques, souvent emportés;

de-là des rixes quelquefois ensanglantées.

Ces gens-là ne manquent pas d'industrie; mais, comme ils ne peuvent l'exercer dans leur pays, où il n'y a ni manufactures ni commerce, ils vont chercher fortune dans les pays étrangers. Ceux qui en ont les facultés achètent quelques marchandises qu'ils colportent d'un endroit à l'autre, jusqu'à ce qu'ils soient en état de lever boutique. C'est avec de si foibles commencemens, qu'à force de travail, d'économie et de privations, il y en a eu qui ont laissé des fortunes que leurs enfans ont élevées à plusieurs millions. Je n'en citerai que deux exemples, généralement connus à Lyon et à Marseille; celui de la maison Tolosan, originaire de la vallée d'Entraunes, où l'on trouve encore des individus de ce nom; et celui de la famille Bruni, dont il y avoit deux présidens à mortier au parlement d'Aix, avant la révolution.

C'est aussi de la partie du nord que sortent beaucoup de ces gens qui, avec un orgue d'Allemagne, une vielle et une lanterne-magique, vont amuser les enfans et le peuple dans tous les pays de l'Europe. Après huit à dix ans d'absence, la plupart retournent chez eux, avec quelques petites économies, qui leur servent à agrandir leur champ, à acheter quelque bétail, et à se marier. Fatigués de mener une vie errante et pénible, ils vont finir leurs jours, loin du fracas et du tumulte des villes, au milieu de leurs troupeaux, et sous le toit rustique qui les a vus naître. C'est-là qu'ils prennent plaisir à raconter à leurs enfans et à leurs voisins ce qui les a le plus frappés dans leurs voyages. Il semble qu'ils devroient contracter dans les grandes villes une partie des vices qui y règnent ; cependant, de retour chez eux, ils conservent le même goût pour les mœurs simples et le travail ; et ils s'estiment heureux, en comparant leur sort actuel avec ce qu'ils ont enduré de peines et de privations pour se le procurer. Il n'y a pas jusqu'à leur petite vanité qui n'y trouve son compte, en se voyant les plus riches du hameau, considérés de tous, et regardés comme les oracles du pays. Ces avantages tournent la tête aux jeunes gens du canton ; et ils ne soupirent qu'après le moment où ils auront un orgue, une lanterne-magique sur le dos.

Ce peuple, celui sur-tout qui habite la côte, vit très-frugalement. Du pain, et en petite quantité, parce que depuis plusieurs années, il le paie de quatre à six sous la livre de douze onces; du fruit, des herbes, des légumes, un peu de poisson salé, très-rarement du frais, et encore plus rarement de la viande; voilà ce qui compose sa nourriture. Son physique se ressent de cette manière de vivre. Il ne faut pas chercher parmi ces gens-là des visages fleuris et de l'embonpoint; la plupart, à Monaco sur-tout, n'ont qu'une peau basannée collée sur les os. Il en est à-peu-près de même sur toute la côte. La sobriété forcée de ce peuple et le travail auquel il est assujetti, m'ont rappelé l'*assuetumque malo Ligurem* de Virgile; et je suis resté convaincu que le sort de ce malheureux Ligurien n'a pas changé depuis deux mille ans (1).

Je viens de dire que le peuple ne mange presque pas de poisson frais : c'est que le

---

(1) Je suis ici la version de quelques traducteurs. Je n'ignore pas qu'il en est d'autres qui rendent le mot *malo* par vol, piraterie.

Je donne à la Ligurie l'étendue que lui donnoient les anciens, et qui comprenoit toute cette partie de la côte, depuis l'embouchure de l'Arno jusqu'au Var. Elle comprenoit de plus une partie du Piémont, du Montferrat et du duché de Parme.

prix n'est pas à sa portée. J'ai été tout étonné, en arrivant dans ce pays-là, de le trouver si cher : le bon poisson, tel que la sole, le thon, le rouget et le merlan, se vend ordinairement dix à douze sous la livre : il en est à-peu-près de même de la sardine, autrefois si commune sur cette côte, qu'on l'a vu vendre deux liards. On dit que la mer est moins poissonneuse : cela peut être; mais il y a une cause plus certaine de cette cherté : c'est le petit nombre de pêcheurs, suite de la guerre et de la réquisition ; ces pêcheurs même ne vont guère qu'à une lieue du rivage : la plupart jettent leurs filets à un quart de lieue.

Les femmes ne sont ni laides ni jolies; elles sont brunes ou blanches, très-peu de blondes. Leur société auroit plus d'attrait, si elles avoient l'esprit un peu plus cultivé, et si la langue française leur étoit plus familière. Ceci n'est pourtant pas si général, qu'il n'y ait quelques exceptions à faire, à Nice surtout.

Leur costume est à-peu-près le même que dans le reste de la France : quelques-unes conservent la crépine. Cette coiffure ne leur sied point mal, et l'on s'y fait aisément. Il m'a paru que, dans leurs habits, elles donnent la préférence à la couleur blanche. Je me rappelle qu'entrant, un jour de fête, dans la jolie église de Sainte-Réparate, qui est la cathédrale de Nice, mes yeux en furent, pour ainsi dire, éblouis. C'étoit un ensemble de blanc de lis et de neige, tel qu'il est rare d'en voir ailleurs un pareil. Cette couleur, qui coûte si cher dans nos grandes villes, lorsqu'on veut être mis proprement, convient fort au climat de Nice, où l'on passe souvent les six mois sans avoir de la pluie.

Les habits du bas peuple, sur-tout à Monaco, ne doivent pas être coûteux, car à peine est-il couvert. Une chemise, une culotte, un jupon court, pour les femmes, et un chapeau de paille (1), commun aux deux

---

(1) Sophocle, dans Œdipe à Colone, représente Ismène, fille cadette de ce malheureux prince, arrivant de Thèbes auprès de son père, la tête couverte *d'un grand chapeau à la thessalienne.* Si c'étoit un chapeau de paille, comme je l'ai lu quelque part, l'usage date de loin. Cet usage est fondé sur un besoin qui tient au climat, et qui, par cette raison, n'est guère sujet à l'inconstance des modes. Dans la ci-devant Provence, les femmes de la campagne portent de ces chapeaux, et ils sont plus ou moins grands, suivant que le pays est plus ou moins chaud.

sexes; voilà ce qu'il porte dans la belle saison. Il en est, hommes et femmes, qui vont pieds nus, même pendant l'hiver. En les voyant marcher ainsi d'un pas ferme et précipité sur les rochers et dans des chemins dont les cailloux sont presque aussi tranchans que le verre, j'ai souvent pensé à la biche aux pieds d'airain de la fable.

Dans la partie la plus montueuse, on trouve quelques villages, où la chaussure des paysans n'est qu'un morceau de peau crue, qu'ils replient sur le pied avec une ficelle passée en forme de lacet et qu'ils attachent à la jambe : c'étoit la chaussure des anciens Romains, au moins du peuple; car celle des riches étoit beaucoup plus recherchée.

Le langage de Nice et de la partie du département, la plus voisine du Var, est le provençal, mêlé cependant de plusieurs mots tirés de l'italien, ce qui n'empêche pas un Marseillois de le comprendre ; mais il ne comprend plus le patois de Monaco, qui n'est pourtant, comme je l'ai dit, qu'à quatre lieues de Nice. Entre celui-ci et le patois de Menton, il y a encore une différence : l'un et l'autre sont un mélange de provençal, de ligurien et de piémontais, mais où ces deux derniers idiomes dominent. Il y a aussi quelques mots espagnols, et cela n'est pas étonnant, la principauté de Monaco ayant été long-temps sous la protection de cette puissance, qui y tenoit garnison. Les finales semblent être chantées.

L'usage de la langue française n'est pas aussi commun qu'il seroit à desirer ; mais c'est un mal inévitable pour la génération présente. A l'exception de la partie qui étoit du diocèse de Glandèves, les études s'y faisoient en italien ; il est donc tout simple que, même la plupart des fonctionnaires publics, écrivent mal le français : nous serions pour le moins aussi embarrassés, si l'on nous obligeoit d'écrire en italien. Comme le peuple va volontiers au prône et au sermon, il faudroit prescrire aux jeunes ministres du culte (car on ne peut imposer cette tâche aux anciens) de faire leurs intructions en français. Presque par-tout elles se font en italien, même à Monaco, où l'on devroit être tout français, puisque depuis plus de cent soixante ans il y a toujours eu des Français. Il m'a paru que les habitans de cette petite ville aiment mieux qu'on les prêche dans cette langue que dans la nôtre, qu'ils entendent cependant fort bien ; c'est que leur patois n'a presque aucun rapport avec le français, et qu'il en a, au contraire, beaucoup avec l'italien.

Il me reste à dire deux mots du *Barbetisme,* dont on n'a cessé d'accuser ce peuple pendant la guerre de la révolution.

On appelle proprement Barbets, les habitans de quelques vallées situées au nord-est du département, sur les frontières du ci-devant Dauphiné. Ce sont des restes de Vaudois ou Albigeois, qui ont fini par adopter la doctrine de Calvin. Le mot Barbet vient de *Barbo,* qui, en piémontais, veut dire oncle. C'est le nom qu'ils donnent à leurs ministres du culte, et en général à toutes les personnes vénérables par leur âge et par leur mérite. Avant la révolution, ils étoient très-fidèles à la maison de Savoie, quoique leurs ancêtres en eussent été cruellement persécutés, à cause de leurs opinions religieuses. Il est impossible de lire leur histoire, dont celles des massacres de Cabrières et de Mérindol fait partie, sans être touché de compassion. Dans les précédentes guerres du Piémont, on disoit bien que c'étoient les

Miquelets des Alpes, et qu'ils fatiguoient l'armée ; mais on ne les traitoit pas de *brigands* (1).

Les habitans des Alpes maritimes n'ont jamais eu rien de commun avec ces Barbets. Personne n'ignore, dans ce département et dans les environs, que les besoins du soldat, les réquisitions, &c. ont souvent fait enlever les grains et les bestiaux à une foule de ces malheureux. Doit-on être surpris que, réduits à mourir de faim, ils aient eu quelques instans d'égarement? Il seroit donc injuste de les confondre avec les brigands proprement dits, dont ce département n'a pas été plus préservé que tant d'autres.

Au surplus, le pays est parfaitement tranquille. Pendant un séjour de neuf mois que

---

(1) Il semble que le mot *brigand* est moins énergique depuis la révolution : c'est qu'on l'a prodigué, et que les divers partis se le sont tour-à-tour appliqué. Lorsque Robespierre fut décrété d'accusation, ne pouvant se faire entendre au milieu des imprécations dont on le chargeoit, il s'écria, tout écumant de rage : *Ah ! brigands*. Ce fut le dernier mot qu'il prononça dans la Convention, en quittant sa place pour passer à la barre.

j'y ai fait, et c'est dans l'arrondissement qui a fourni le plus de mécontens, je n'ai pas entendu parler d'un seul regret.

FIN.

www.ingramcontent.com/pod-product-compliance
Lightning Source LLC
Chambersburg PA
CBHW070306100426
42743CB00011B/2364